少年時代のアクバル　Alamy 提供

上：**チトールの要塞**　岩山の上に築かれた難攻不落の要害。アクバルは1568年にここを攻略した。　Alamy 提供

左：**アドハム＝カーンの処刑**　1562年，アクバルはアトガ＝カーンを襲ったアドハム＝カーンを2回にわたってアーグラの城壁から落として処刑した。（ヴィクトリア・アンド・アルバート博物館蔵）　Alamy 提供

右：**第二次パーニーパット戦**　アクバルのムガル軍とヒンドゥー教徒将軍ヘームー軍との戦いで，1556年にアクバル軍が勝利をおさめた。（ビクトリア国立美術館蔵）　Alamy 提供

アウラングゼーブ帝　第６代ムガル帝国皇帝（在位1658～1707）。（フランス国立図書館蔵）　アフロ提供

新・人と歴史 拡大版 36

ムガル帝国とアクバル大帝

石田 保昭 著

SHIMIZUSHOIN

本書は「人と歴史」シリーズ（編集委員　小葉田淳、沼田次郎、井上智勇、堀米庸三、田村実造、護雅夫）の『アクバル大帝』として一九七二年に、「清水新書」の『ムガル帝国とアクバル大帝』として一九八四年に刊行したものに、現在用いられていない歴史的名辞のほか、表記や仮名遣い等一部を改めて復刊したものです。

はじめに

ムガル帝国はインドの地に一五二六年から一八五七年まで続いた王朝である。王朝の始祖はバーブルであるが、一五五六年に即位した第三代皇帝アクバルは実質上帝国の基礎を固めた人物であり、アクバルからはじまって第六代皇帝アウラングゼーブの一七〇七年の死までの期間が、皇帝の権威高く、国土も比較的統一・安定していた時期であった。アウラングゼーブの死後、国土は急速に瓦解し、皇帝は名のみのものとなり、ついにイギリス勢力によってとって代わられるのである。

ムガル時代は、日本の江戸幕府、中国の清王朝と同じように、アジアの旧体制の最後の姿であった。しかし、ムガル帝国は、日本の幕藩体制や清朝の官僚機構のような封建支配構造の層々たる組織を生み出すことがなかった。また、そのようなきちんとした支配構造を生み出さなかったことが、インドの封建制の特質と言えるかもしれない。言語、種族、宗教、カーストに細分化されたインドの中世社会で、官僚を用いての画一的な行政機構をうちたてることは、そもそも不可能なことだったのかもしれない。しかし、無秩序な統治は、人民からの恣意的で無秩序な収奪を結果することになり、また官僚機構の欠落は皇帝権力を不安定なものとしがちである。

そこで皇帝が自ら音頭を取って上からの官僚体制の創出に努力を傾けることがありうる。つまり、中世統治機構を上から整備することである。これを試みたのが、第三代皇帝アクバルであった。彼は軍馬烙印規則をつくってムガル軍の軍事力を確保し、位階マンサーブを貴族に与えて給与を支払うマンサブダール制度を始めて貴族を官僚に変質せしめようとし、さらに従来の封地制度に代わって全国を王室直領化して徴税官の組織を使って徴税行政を行なおうとした。これらのアクバルの改革は、皇帝を頂点とするピラミッド型の官僚統治体制を作ろうとした上からの努力であった。

しかし、この上からの専制官僚組織創出の努力は簡単に失敗に終わってしまった。アクバル帝自身、晩年には改革への熱意を失ってしまう。結局、ムガル帝国は、幕藩体制や清朝官僚組織のごときものを作り出せなかったのである。そして、第五代皇帝シャー＝ジャハーンから第六代皇帝アウラングゼーブの治世にかけて、恣意的な支配者の掠奪は、北インドの農業の再生産を破壊するまでになってしまった。掠奪的統治を秩序ある収奪にきりかえる試みは成功しなかったのである。

そして、このムガル支配者の下には、村落共同体とカースト制度を以て代表されるインド封建体制があったのである。本書ではこれらの点にとくに注意を払って記述した。執筆中お世話になった清水書院編集部の方々にお礼を申上げる。

一九七二年六月一〇日

石田保昭

目次

Ⅲ アクバル宮廷の人びと

Ⅳ アウラングゼーブまで

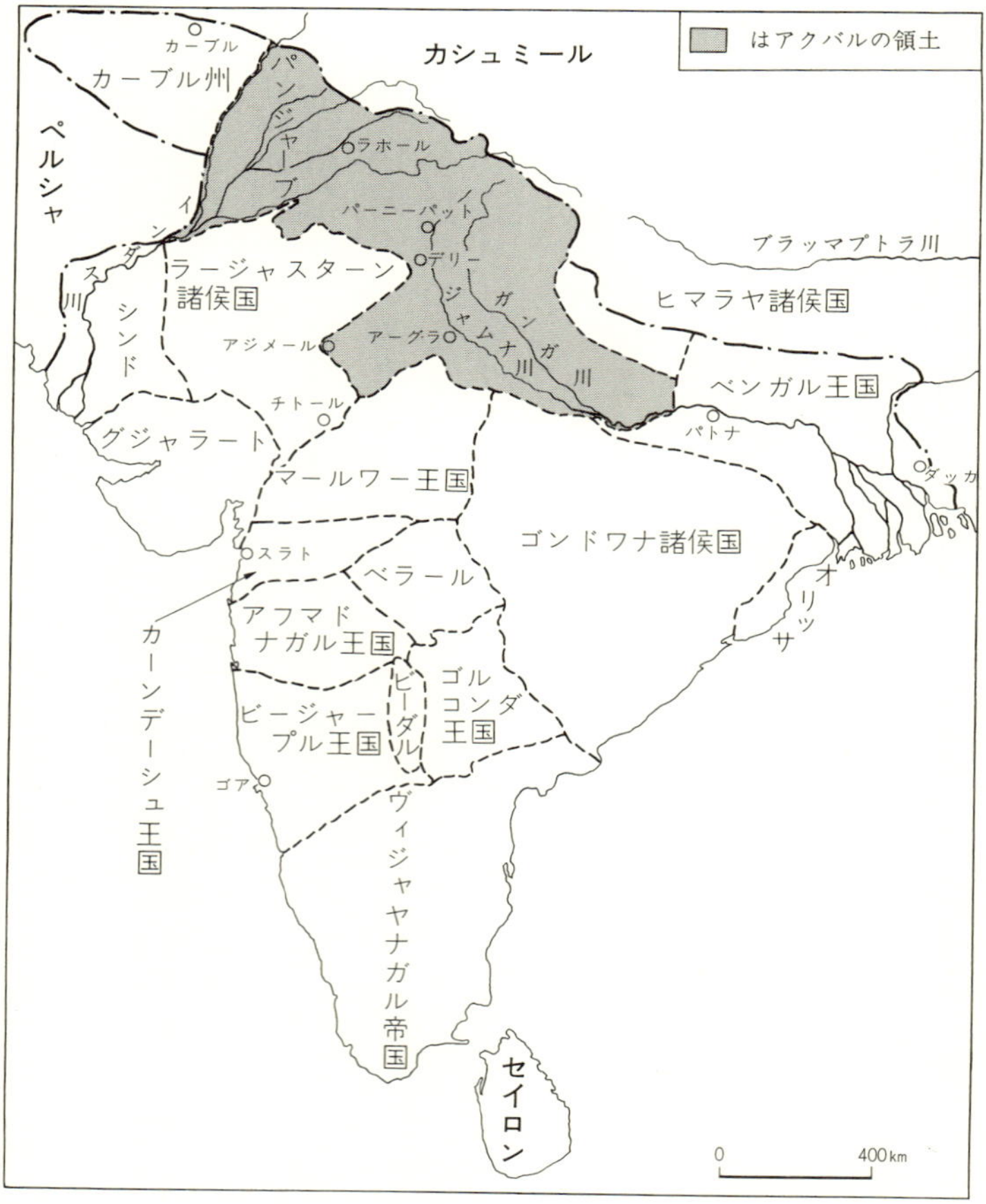

はアクバルの領土
カシュミール
カーブル
カーブル州
ペルシャ
パンジャーブ
ラホール
インダス川
パーニーパット
デリー
ラージャスターン諸侯国
シンド
アジメール
アーグラ
ジャムナ川
ガンガ川
ブラッマプトラ川
ヒマラヤ諸侯国
ベンガル王国
パトナ
ダッカ
チトール
グジャラート
マールワー王国
ゴンドワナ諸侯国
スラト
ベラール
オリッサ
アフマドナガル王国
カーンデーシュ王国
ビーダル
ゴルコンダ王国
ビージャープル王国
ゴア
ヴィジャヤナガル帝国
セイロン
0
400km

I

インド史のなかのムガル帝国

古代から中世への変容

❖古代国家の成立

インドに古代国家が現われるのは、紀元前六世紀ごろのことと考えられる。それまでにもモヘンジョ-ダロやハラッパの遺跡などから、インダス川流域に、メソポタミア文明の影響を強く受けた都市国家の成立が想定されるのではあるが、インダス文明は中途で滅んでしまった。その後、紀元前一五〇〇年ごろ、アーリヤ人が西北インドに侵入し、パンジャーブ地方に住みついた。インドに侵入したころのアーリヤ人は、まだ原始共産制の段階からぬけ出ていなかったようである。そのことは、古典リグ-ベーダに出てくる祭式から推察されるのである。アーリヤ人は紀元前一〇〇〇年ごろにはガンガ川の上・中流域へ進出した。インドの古代史研究者コーサンビーの考えによると、彼らは山林を焼き、焼畑耕作をしながら東進していったものらしい。アーリヤ人たちは、いくつかの部族に分かれ、部族どうしで争ったり、あるいは色黒くダスユまたはダーサと呼ばれる原住民の集団と戦ったりしながら、自分の勢力範囲を拡大していった。ガンガ川中流域は、原始農耕に適した肥沃なローム層の土地である。このあたりに進出してくるころになると、アーリヤ人のあいだにも階級分化がおこってきて、また、従来のブラーフマン至上主義のバラモン教に満足せず人間の平等を唱える思想もおこってくる。仏教、ジャイナ教は、これまでのブラーフマン、クシャトリア、ヴァイシャ、シュードラの四種姓の区別を認めず、あらゆる人間に宗教の道を開放した。この仏教成立直前に、北インド平原を中心に一六の部族国家が成立した。それらのうち、マガダ、コーサラ、ヴァツア、アヴァンティの四大国がとくに繁栄していた。

国王としてラージャがあらわれてき、貴族層は行政、軍事にたずさわり、残された部族民は平民として国の根幹を形成し、部族間の戦争で敗れた部族の遺民たちは、平民より一段劣ったものとされ、苦役、家内労働、手工業などに従事した。こうして、インドの古代社会のしくみはほぼできてきたのであった。

ガンガ川中流域のマガダの地に紀元前五四三年ごろビンビサーラ王朝が成立し、紀元前三六四年にはナンダ王朝がこの地に勢威をふるい、やがて紀元前三二四年ごろマガダ出身のチャンドラグプタ＝マウリヤがマウリヤ王朝をおこして北インド一帯を征服した。その孫のアショーカ王は南インドからアフガニスタン地方までをも版図におさめ、インドの古代大帝国をつくった。このころの社会は、次の三つのものを柱として形成されていたようである。まず、血縁にもとづく身分差別制で、これは「色」を意味するヴァルナの語で呼ばれる。ついで、親族共同体であるが、このものは家長の指揮下にあって農耕に従事するが、今日のインドの農村の大部分を形づくっている小家族よりはずっと大型で、何十人という数で一つの親族共同体を形づくっていたものと考えられる。当時、農耕はまだ原始的で、たくさんの労働力の協同が必要だったろうと思われるからである。最後に、親族共同体がいくつか集まってできた古代村落共同体である。

これらの、ヴァルナの制度、親族共同体、古代村落共同体が、古代インド社会を形づくる三本の柱であり、この上に王朝、帝国が興亡したのであった。

❖マウリヤ王朝からグプタ王朝まで

アショーカ王の国土は、共同体がばらばらに存在しているままに征服された王国であった。征服の過程は残忍なものであったらしく、アショーカ王が東南のカリンガ国を征服したときには、その地方で一〇万もの人民を殺し、捕虜一五万人が本国におくられたといわれる。アジア的専制君主アショーカ王は、のちに仏教に帰依し、仏教を用いて大帝国の統一の道具にしようとした。しかし、実際には彼の大きな国土のなかで使われる言葉はばらばらであったし、貨幣も地方で作られたものが使われていた。このマウリヤ王朝も、アショーカ王が死んでからあとは急速に崩れ去った。その後、南インドでは紀元前三世紀のなかばにアーンドラ王国がおこってしばらくつづき、西北インドから中央アジアにかけては紀元一世紀から三世紀ごろまでクシャーナ族のたてたクシャーナ帝国がさかえ、カニシカ王の仏教信仰、ガンダーラ美術の発達などがあった。

インドの歴史家コーサンビーは、インドの古代国家が一種の掠奪国家であったと言っている。つまり、古代帝国は周辺の地域にひろがっていっては富を掠奪して首都などの主要都市で浪費し、またさらに掠奪戦争を続けるといったサイクルで拡大し、掠奪が限界に来ると崩壊、分裂する、というのである。

この掠奪帝国の性質は、古代インドに限らず、中世のイスラーム時代の諸王朝にも通じて見られ、ムガル朝もまた、掠奪帝国の性格を強く持っているのである。

小王国分立の北インドは、紀元四世紀のはじめにふたたび大帝国に統一される。グプタ帝国である。グプタ王朝の時代、北インドの古代文化のはなやかさは頂点にたっした。たくさんの都市が富み栄えた。都市の大商人たちはそれぞれの職業ごとに同業組合をつくり、おのおのの同業組合から代表を町集会に送り、町集会が都市の政治を行なったようである。大都市に住む貴族たちは、美しい衣と宝石で身をかざり、酒もりや芝居見物、遠足、おどりの会などであそびくらした。王や貴族たちに保護されて、文学、彫刻、建築が発達した。

紀元前五世紀ごろからこのころまでに、国王の力は一般の自由民よりもはるかに強大になっていた。国王は「国王の土地」を持つようになっていったらしく、国王が農民から取りあげる税もだんだん重くなっていったのだった。以前は国王の取り分は収穫の一〇分の一だったものが、やがて八分の一になり、六分の一になり、四分の一にとなっていった。もちろん、一般の民衆はこのような重い税に反対した。そこで、国王の取り分はどのくらいであるべきか、ということがしばしばくりかえして議論された。その討論のありさまは当時の法律書から知ることができる。ところが、グプタ朝もまもなく衰え始めるが、それとともに、あれほどさかんだった商業も衰え、仏教も衰え、かわってヒンドゥー教がさかんになってくる。この変化はなぜおこったのだろうか。異民族の侵入も原因の一つだろうが、もっと根本的な変化がインドの社会におこってきたようである。

❖インド中世の成立

グプタ王朝の後半、五世紀ごろを中心として、それまでの親族共同体はだんだんと崩れてゆき、ばらばらになり、小家族に分かれていったようである。土地はなお共有であったが、各小家族——家族共同体——ごとの耕作が行なわれるようになっていったであろう。新しい村は、いくつかの小家族が集まった村落共同体の形をとるようになった。そして、村のなかでは分業が行なわれ、職業が世襲となり、職業と身分がむすびついたカースト制度が成立してきた。あらたな身分制度は、古代の四つの身分の制度とは性質のちがうものだった。

今日のインドになお残る村落共同体やカースト制度も、グプタ朝後半からの長い変動期に形成されたものと考えられる。この、インド封建制の特色である村落共同体は、そのまま一つの小さな共和国のように、人間生活に必要なあらゆるしくみをそなえていた。耕地は村全体のものであり、村びとは自分の耕す土地の割当てをうけることになっていた。村には、村の長と記録係がおり、また、一般の農民のほかに、鍛冶屋、大工、土器作り、洗濯人、床屋などの職人がいた。村の長や職人たちに対しては、村の収穫の一部が給与として与えられた。

この新しい中世社会でも、ブラーフマンとクシャトリアの二つの古代身分はひきつづいて残って、有利な地位を手にいれることができた。祭りをつかさどるブラーフマンは知識階層として村の記録係になり、国王のために農民から税を集め、クシャトリアは武人として国王に奉仕したり、自分で国をつくったりして支配者の側についたのだった。クシャトリアよりも下の種姓の人びとは、雑婚、移住などでばらばらになり、職業ごとの身分制度、カースト制度をつくりあげ、そのなかに自らを位置づけた。

ブラーフマンを最上として、村びとは職業によって異なる身分にわけられ、おのおののカーストごとに結婚から日常生活までのこまかな規則ができ、異なったカーストのあいだの連絡はいっさいたち切られた。カーストのおきてを破ることは、この世の「秩序」を乱すものとして厳重に禁止された。

❖中世村落共同体

人びとにとって、ただ一つの生きる道は、祖先から伝えられた職業を守って、しきたりどおりに生活することだった。こうして、どのようなものが国王になろうと、村落共同体の農民たちは、そとの世界に関係なく生活をつづけていくのだった。

しかし、同時に、インドの民衆は村落共同体のなかにおしこめられたまま、いっさいの進歩をあきらめなければならなかった。全生活は習慣どおりにくりかえされ、外の世界の文化や制度を知る機会もなく、知ろうとする気持ちもおきなくなった。

村落共同体がインドの歴史に及ぼした影響について、カール＝マルクスはその小論「インドにおけるイギリスの支配」のなかで、つぎのようにいっている。

われわれはこれらの牧歌的な村落共同体が、それぞれいかに無害なものに見えようとも、つねに東洋的専制主義の強固な基礎を形成し、人間精神を、考えうるもっとも狭隘《きょうあい》な限界にとじこめ、この人間精神を、迷信の従順な道具に、伝説的な習慣の奴隷《どれい》にし、そしてこ

初期ラージプート画

の人間精神からすべての偉大さと歴史的に創造的ないっさいのエネルギーを奪ったことを忘れてはならぬ。われわれは、やせ地の一片にかじりついて、平然と全国家の破滅、筆舌につくせぬ残忍な仕打ち、いくたの大都市の全人口の虐殺を、たんなる自然的事実をながめるのとすこしもちがわない無関心さで傍観し、そしてみずからはかたじけなくも彼らに注意を向けたまうようなすべての攻撃者の無力ないけにえとなってきたこの野蛮人の利己主義を忘れてはならぬ。われわれは、この下劣で、不活動的で、そして植物的な存在、この受動的な存在が他面対蹠的にヒンドゥスタンにおいて、粗暴な、気ままな、放恣《ほうし》な破壊力を呼びおこし、殺人をさえ宗教的儀式にしたことを忘れてはならぬ。われわれは、この小さな共同体がカーストおよび奴隷制によって汚染されていたこと、これらの共同体が人間を外力の支配者の地位に高めずに外的関係に隷属させたこと、これらの共同体が自己発展する社会状態を不変の自然的運命に変え、それによって、自然の支配者たる人間がハヌマン、すなわち猿の前や、サバラすなわち牝牛の前にうやうやしくひざまずいているという事実のうちにその堕落《だらく》ぶりがあらわれている粗野な自然崇拝に達したことを忘れてはならぬ。

❖異民族の侵入と征服

このような無気力なインド中世の農村のうえに、いろいろな支配者がいれかわりたちかわりやってきた。紀元五世紀のなかばに、中央アジアからフーナ族が西北インドに侵入してきた。その後、エフタル族やグルジャラ族が侵入して、北インド一帯にひろがり、七世紀の後半から一三世紀までのインドは、たくさんの小王朝のたえまのない戦争の時期である。この時代はラージプート時代といわれる。

イスラームインド

❖イスラームインドの時代

一一世紀になると、西北国境からイスラーム教徒（ムスリム、回教徒）が侵入をくりかえすようになり、一三世紀のはじめに、デリーにムスリムの王朝がたてられ、イスラームインドの時代がはじまった。イスラームインド時代は一八世紀までつづき、そのあいだ、デリーを中心として、奴隷王朝、ハルジー王朝、トゥグルク王朝、サイイド王朝、ローディー王朝、スール王朝、ムガル王朝とつづくが、これらの王朝のいずれもが、征服者として農民から遠慮なく税をとりあげ、掠奪さえおおっぴらにした専制王国であった。この時代の歴史は、ムスリム貴族のインドに対するはてしない掠奪と、ムスリム貴族のあいだのたえまない勢力あらそい、陰謀、内乱の連続であった。インド民衆は支配者から奪い取られるか殺されるか以外にはなんの保護も得ることができなかった。残酷なムスリム貴族は、時には「人間狩り」さえもよおしたので

イスラーム王朝の遺跡　クトゥブ-ミナール

ある。

この時代、北インドの村落共同体のしくみはますますがっちりしたものとなっていったであろう。インド民衆は、できるかぎり外の世界と関係を持たないで生きのびようと努力したであろうから。

❖奴隷王朝

奴隷王朝の時期には貴族たちのあいだのあらそいがつづき、王もともするとそのあらそいにまきこまれがちだった。その上、西北からはモンゴル人の侵入があり、ようやくこれをうちしりぞけたが、国内ではインド人がしばしばマールワ、ラージプターナ、ブンデルカンドの地方やガンガ川、ジュムナ川のほとりで反乱をおこし、イスラーム王の立場はあまり安全ではなかった。インド人民の反乱に対する征伐は、きわめてきびしく、奴隷王朝の終末期の王バルバンがメワートを征伐したときには一〇万人のラージプート族が殺されたといわれる。

❖ハルジー王朝

奴隷王朝につづくハルジー王朝のはじめに、新しい掠奪戦争が南インドにむかって行なわれる。ハルジー王朝の第一代の王ジャラールッディーンの甥《おい》にアラー＝ウッディーンという者が

アラー=ウッディーンの貨幣

あり、地方の知事をしていたが、騎兵をひきいてヴィンディヤ山脈のビールサの町を掠奪した。つづいてデカン半島にまでも掠奪に行くことを計画し、わずか八〇〇〇騎をひきいて南にむかって出発した。途中、「自分はおじのジャラールッディーンに追いかけられて、いま南にむかって逃げているところだ」といいふらして歩いたので、やすやすとヴィンディヤ山脈の南側にまでぬけることができた。アラー=ウッディーンは、とつぜん、デカンの中部のヤーダヴァ王朝の首府デーオギリに突入し、「いまだかつてこれほど豊かな戦利品がデリーの蔵《くら》にとどいたことはない」といわれたほどの富を掠奪して北インドにひきあげた。そしてアラー=ウッディーンは分捕《ぶんどり》品を分けるからといって、おじのジャラールッディーン王をカラの町までおびきだして殺し、分捕品をムスリム（回教徒）貴族たちに豊かに分け与え貴族たちの心をなだめて自分が王になった。当時の史書は次のように言っている。「彼は非常にたくさんの黄金をまきちらしたので、人びとはかんたんに先の王を殺したことを忘れ、彼が王になることを喜んだ。彼の黄金のために、貴族たちは、死んだ恩人の子どものそばから離れて、彼を支持するようになった」。

ハルジー王朝の王になったアラー＝ウッディーンは、ひきつづいて征服戦争を行ない、一二九八年にグジャラート地方、つづいてランタンブホール要塞、一三〇二年にチトール要塞と、西南にその領土をひろげた。いっぽう、当時たびたびデリー近くまで侵入したモンゴル軍を五回にわたってうちやぶった。その後は南インドにむかって掠奪戦争の軍隊を出し、彼の将軍は一三〇六年から一一年まで南インドのテリンガナ、マラータ、ホイサラ、タミールなどの諸国を征服して、デカン半島の南の端近くにまで進んだ。このようにして、インドのほとんど全土をおおう大きな帝国ができあがり、同時に、多くの戦利品を得ることができた。

だが、アラー＝ウッディーンは、その掠奪戦争のために、大軍隊を養わなければならなかった。まだ商業の十分発達していないこの時代には、軍隊の集まるところに十分な生活必要品が集中しないために、駐留軍の基地では物の値段が上昇した。

また、アラー＝ウッディーンは、掠奪した財宝を使って、王の力を強め、貴族の力を弱めようとした。それまで、イスラーム王は、その部下に領地を分け与えて領地からの収入で生活させるならわしだった。しかし、この制度では、貴族は自分の領地を足場にしてたやすく王に反乱することができたであろう。そこで、アラー＝ウッディーンは、領地を与えることをやめて、官吏にはすべてお金で給料を与えることにした。しかし、商業の発達していない時代に金ばかりを与えても、物が不足のために物価がさらにあがりがちであったことはたやすく想像される。王はこれに対して、あらゆる物資の値段を命令で定めた。そして、軍隊の力で物価の統制を行なったのである。

アラー＝ウッディーンの税金取り立て方法は、掠奪王の見本のようなものであった。ヒンドゥー教徒の小君主たちの反乱を防ぐため、彼らをできるだけ貧乏にしておくやり方が取られた。当時の史書はいう。

「ヒンドゥー教徒たちは、乗るための馬を養ったり、武器を持って歩いたり、よい着物を着たり、豊かな生活をしたりすることができないようにされなければならない」。

そのために、すべての農地の広さの寸法を取り、収穫の二分の一を税として取りあげることがきめられた。だが、これはけっして税のかけ方が公平になったことを意味するものではない。当時の農民には生産物の二分の一も税にさし出すことのできる力はなかったからである。つまり、二分の一ということは、「取りあげられるだけ取りあげろ」ということだったのである。

当時の史書はいう。

「いかなるヒンドゥー教徒も頭をもたげることができず、彼らの家には一片の金も銀も、タンカもジェータル（銅銭）も、あまっていなかった」「人びとは税金取立人を熱病よりも悪いものとして見た」。

このような乱暴な政治のやりかたを見れば、アラー＝ウッディーンがモンゴル人の捕虜一万五〇〇〇人を殺し、また反乱した甥《おい》を捕えてはじめに両眼をえぐり、ついで首をはねた話を聞いても驚くにはあたらない。また、アラー＝ウッディーンだけが残酷だったのではない。ムスリムに征服されていた時代のインドの歴史は、王と貴族、王と王子の血で血を洗うあらそいの連続である。

一三一六年にアラー＝ウッディーンが死ぬと国内は乱れ、経済は混乱して、まもなくハルジー王朝は倒れ、次のトゥグルク王朝が立った。

❖トゥグルク王朝

アラー＝ウッディーンが掠奪で手に入れた富は、その後三〇年ばかりのあいだに使いつくされてしまったようである。さらに、またも、中央アジアからモンゴル人が侵入してきて、トゥグルク王朝第二代の王ムハンマド＝トゥグルクは、財宝をモンゴル人に与えて引きかえさせた。

また、ムハンマド＝トゥグルク王は、ひとりよがりの思いつきから、ペルシャにむかって軍隊を出したり、中国に向けて一〇万の遠征軍を送ったりした。ペルシャ向けの軍隊は、給料が払われなかったためにばらばらになってインド国内で掠奪をはじめるし、中国に向かった遠征軍はヒマラヤの峠で全滅したという。

こうしたことのためにムハンマド＝トゥグルクは財政難におちいってしまった。そこで彼はお金を得るために奇妙な方法を考えだした。彼は銅の貨幣を発行してこれを銀貨と同じ値うちで通用させようとした。もちろん、このこころみは失敗に終わった。外国の商人は銅貨を受けとらず、またインドの農民は銀貨をしまいこみ、銅貨で税をおさめたのだった。こうした結果、首府の住民のあいだでムハンマドの評判が悪くなったので、王はデリーの全住民をデカン地方のデーオギリに移してそこを都としようとこころみたこともあった。

ムハンマド＝トゥグルクはまた、地税をふやすために奇妙な方法を考え出した。地図の上で全国をごばんの目のように分け、おのおのの区画ごとに土地という土地はどこでも耕さなければならぬと命令した。森であろうと牧場であろうと耕すことのできない土地であろうと、とにかく耕せ、と命じたのである。また、彼は、ガンガ川とジュムナ川のあいだのドゥーアーブ地方の農民にかける税を重くし、所によってはそれまでの一〇倍、二〇倍もの税をかけたので、農民は土地をすてて逃亡し、土地は荒れてしまった。

ムハンマド＝トゥグルクは、また、世界にも珍しい人狩りを行なった。軍隊にある地方をかこませ、だんだん中心に向かって進ませ、囲まれた農民を皆殺しにしたのである。ムハンマド＝トゥグルクは、このようなめちゃくちゃなことをした後、一三五一年に死んだ。

ムハンマド＝トゥグルクの次に王になったフィールーズ＝シャー＝トゥグルクはまともな王だったようである。彼は荒らされた北インドの復興につとめ、運河をひらき池を掘って灌漑をすすめ、税も軽くしたから北インドの農業はふたたび立ちなおった、といわれている。また、道路をなおし、橋をかけて、商業の便利をはかったという。だが、彼の「善政」の内容ははたしてどのようなものであったことか。ともあれ、フィールーズ＝シャー＝トゥグルクは、インドのイスラーム王のうちはじめて政治らしい政治をしようとこころみた人であった。つまり、掠奪君主から専制君主になろうとこころみた人であった。しかし、一三八八年にフィールーズが死ぬと、またも貴族たちのあいだのあらそいがつづき、政治も、もとのような常識では考えられないわがまま勝手な支配にもどってしまったのである。

一三九八年、中央アジアに大帝国をたてた英雄チムールが、軍隊をひきいて、西北国境からインドに掠奪戦争のためにはいってきた。チムールはトゥグルク王の軍隊を打ち破ってデリーにはいり、五日のあいだ住民を殺しまくった。そのために、町は死体でいっぱいになり、道を歩くことができないほどであった。チムールは、メールットの町でも大量の人を殺した後、豊かな分捕品を持って中央アジアに帰って行った。

❖サイイド王朝とローディー王朝

このようにして、大掠奪帝国を専制帝国に変えようとするこころみは成功しなかった。一四一四年にトゥグルク王朝が滅びると、続いてサイイド王朝が一四五〇年まで、その次にローディー王朝が一五二六年までデリーに都をおくが、そのいずれもが、はじめのハルジー王朝ほどの力を持つことができなかった。インドはたくさんのイスラーム王国やヒンドゥー教王国に分かれておのおの独立し、サイイド王朝やローディー王朝はわずかにデリーの近くの一小王国にしかすぎなかった。ある王の時には、デリーのまわりの一、二里しか支配できなかった時さえあったのである。そして、次にインドはムガルの侵入を迎えたのである。

このデリー-スルタナット（デリー-スルタン朝）の時代、北インドの農民たちは、ますます村落共同体のなかにとじこもっていったことであろう。小さく生きのびることによって外の世界の嵐に耐えぬこうとしたことであろう。

❖農民の反抗

豊かな生活をしたいという望みは何百年も前にあきらめさせられていた農民であったが、それでも、イスラーム王にあまりにひどくいためつけられると、農民は自らのなしうる抵抗として家を捨て、土地を捨てて逃げだすのだった。ムハンマド=トゥグルクのころのドゥーアーブ地方の農民について、当時の歴史書は次のようにいっている。

「税は非常にきびしく取り立てられたので、農民たちは貧乏にされ、乞食のありさまにさせられた。富み、財産のある人びとは反乱を起こした。土地は荒れはて、耕作は完全に止まった」。

反乱を起こした人びとはヒンドゥー教の小君主たちだったであろう。一般の農民は次のようであったという。

「ヒンドゥー教徒たちは自分の穀物の収穫を焼き、家畜を広野に歩きまわるままにした。王の命令により、税金取り立て人や治安の役人は国土を荒らし、何人かの村の有力者や村の長を殺し、他の者の目をつぶした。逃げ出した不幸な住民たちは、手を取りあって密林にかくれた。遠い地方の農民たちがドゥーアーブの農民たちの苦しみとめちゃめちゃなありさまを聞いたとき、自分たちにも同様の災難がおそいかかってくるのではないかと恐れて、彼らも服従しなくなって森に逃げこんだ。王はそこで、バランに狩りに出かけ、彼の命令によってその地方のすべてが掠奪され、荒らされた。ヒンドゥー教徒の頭が運びこまれ、バランの砦の城壁にかけられた」。

時には農民は道路で貴族や商人をおそって集団強盗をはたらくこともあった。クトゥブ＝ウッ＝ディーン王のころ、パンジャーブ地方に住むジャート族農民が、女や子どももまぜて約二万七〇〇〇人で、サーマーナの町の近くで掠奪をはたらいたというので、王はジャート族を征服して、ほかの地方に追いはらったことがあった。チムールのインド侵入のときにも、ジャート族は同じ理由で征伐され、女や子どもは奴隷にされ、家畜や財産は取り上げられてしまった。

当時、インド民衆はばらばらであり、征服者の圧制に対して、力をあわせて抵抗することができなかった。農民にできることは、せいぜい、逃げ出すことか、それでなければ掠奪するしかなかったのである。どちらの場合にも、ムスリム貴族はそれに対してすさまじいしかえしをしたのだった。

このようなインド農民も、ムガル時代の一七世紀後半になると、最後の力をふりしぼり、インド旧体制の分裂意識にわれとわが身で挑戦しつつ、圧制者への反逆を行なうのである。

❖バーブルのインド侵入

ローディー王朝を打ち破って、バーブルがインドにムガル王朝を建設したのは、一五二六年である。ムガルとはモンゴルのことで、バーブルおよびその徒党が自らをモンゴルの子孫であると称したことによる。バーブルは父方の血統ではチムールの五代目の子孫で母方の血統ではチンギス＝カーンの子孫であると称した。彼は中央アジアの小王国フェルガナの王であったが、いくたびかの冒険的戦闘のあと、一五〇四年アフガニスタンのカーブルの王となり、インドの

草稿を書き思索にふけるバーブル

西北に足場を得た。当時北インドのローディー王朝は大貴族内部の反目によって弱化していた。一五二四年、バーブルはインドのパンジャーブ総督から出兵・援助を乞われ、兵をパンジャーブに出した。翌二五年、バーブルはインドを征服する決意を持ってカーブルを出発し、一五二六年、デリーの西北パーニーパットで、わずか一万二〇〇〇の兵力で、一〇万のイブラーヒーム＝ローディーの大軍を決定的に破り（第一次パーニーパット戦）、たちまちデリーと

アーグラを占領し、北インドに王国を築いた。バーブルは、一五二七年、ラーナー＝サンガのひきいるラージプート族連合軍をカーヌアにおいて破り、北インドの安定した覇権を得た。しかしバーブルはムガル皇帝として長く君臨しなかった。彼は一五三〇年アーグラで死んだ。

❖フマーユーン

その子フマーユーンがムガル帝国第二代の帝位に登った。フマーユーンは武人としては才能に恵まれていなかった。フマーユーンは即位後ただちにムガル帝国のまわりの諸勢力と戦わなければならなかった。グジャラート地方に対する征戦はうまくいったが、ベンガル、ビハール地方に対する征戦は失敗し、フマーユーンはシェール＝カーンというアフガン人の軍隊に二度にわたって敗れ、国を失った亡命王としてデリーからアーグラ、さらにラホールをへてシンド地方へと逃げまわった。フマーユーンがシンド地方にいたとき、アクバルが生まれたのである。フマーユーンは、のちにペルシャの王の助けでアフガニスタンを占領し、さらに機を見てインドに侵入してムガル帝国を回復するのである。

フマーユーンのあと、アクバル、ジャハーンギール、シャー＝ジャハーン、アウラングゼーブと王統は続くが、第六代皇帝アウラングゼーブまでが帝国の最盛期であった。しかし、皇帝や貴族が栄えたことは、農民が栄えたことを意味しない。

シェール=シャーの廟

❖飢饉と圧政

アクバルの時期においても、飢餓のときの惨状はペルシャ語歴史家によって次のように書かれている。

「この時期のかかる恐怖に加えて悪疫が流行し、部落村落は言わずもがな、全住家あるいは全都市を無人の地と化した。穀物の欠乏と、死にひんする飢えに迫られる結果、人は彼ら自身の仲間を食った。街道は死骸によって閉塞《へいそく》し、これをとりのぞく努力はほとんどなされなかった」。

第五代シャー=ジャハーン帝時代の飢饉については次のように記されている。

「これらの国（デカン地方とグジャラート地方）の住民は極度に悲惨なありさまにおちいった。生命はひと握りの食物にも代えられたが、これを買おうとする者はなく、地位はひと切れの菓子のために売られたが、何人もこれに注意を払うことをしなかった。……困窮のためについに人はおのおの他を

フマーユーンの廟（アクバルが完成）

食べあい、子どもの肉はその両親が食べるまでになった。多数の死者は道路の障害なり、非常な苦痛にもかかわらず、まだ死んでいない人や、動く力のある人は異境の町や村をさまよい歩いた」。

このような自然の災害のほかに、暴政、圧政がインド農民の頭上で荒れ狂った。ムガルは征服王朝であったから、農民の生活に同情など持つことなく、徹底的に収奪したからである。農民からの収奪はきびしく、とくに一七世紀後半になると農業再生産ができないまでに圧政が行なわれた。

アウラングゼーブ帝時代の北インドの農村について、フランス人旅行家フランソワ＝ベルニエは次のように書いている。

あまりに悪政がひどいので、農民や労働者は生活必需の物資さえも奪い去られている。……彼らは悲惨と困窮のなかに死を待つのみのありさまである。このような圧政のために、困窮した民衆は子どもを養う力がなく、子どもを持っているということはただ飢餓の苦しみを忍ぶことを意味するだけのことであり、幼児を餓死させるほかに方法がないのである。……また税金が苛酷なために、土地の開拓者は、苛斂誅求《かれんちゅうきゅう》を受けないほかの地方に移るのをねがい、悲惨な故郷から近くの地方に移住したり、兵士として軍隊にはいったりするのである。強制によるほかは土地はほとんど耕されることなく、水利のために溝や堀割を直そうとする者や直すことのできる者は一人もないので、全国土は耕作悪《あ》しく、たくさんの部分が灌漑の不足から不毛と化している。家屋もまた荒廃したままで、新築したり崩れたものを修繕したりする人はわずかである。……国土は、多人数の宮廷の光彩を維持したり、人民を服従させるために扶持される大軍隊に給与したりするための莫大な税金を支払わねばならぬために荒廃させられる。かの人民の苦悩を伝えうるどのようなふさわしい言葉もない。棍棒《こんぼう》と鞭《むち》とが彼らを他人の利益のための間断なき労働へと強《し》いる。そしてありとあらゆる残忍な取り扱いのために彼らは絶望に駆られるが、反乱も逃亡も軍事力の存在によって妨げられる。

同じころのイタリア人旅行家ニコロ＝マヌッチは、次のように述べている。

全帝国にわたって王は軍事長官たちをおかざるをえない。なぜなら、もしこのような役人がいなければ、だれも租税や貢納を支払わないだろうから。というのは、インドの人民は強制されなくてはけっして支払わないのだ。そこで彼らは、王に渡す金額の半分でも取り立てるためには、おもな農民をしばりあげ、きびしいやり方で農民から取り立てる。

　徴税割り当てを満たすのにやさしい言葉や説得が役に立たないときは、人びとをしばって、したたかに打つ。お金がないといって支払いを拒否しつづけるのが農民の常である。折檻《せっかん》や拷問《ごうもん》は非常にきびしい。彼らはまた飢《う》え餓《かつ》えを忍ばせられる。時として彼らはごくわずかだけ支払い、折檻はくりかえしくりかえしやりなおされ、彼らはこれほどの罰に耐えられないと知ると少しずつ支払いはじめる。彼らの多くは各所にしばって身体につけて、負うている金を持っている。彼らの意志に反して支払わなくてはならないと知ると、彼らはごくわずかを差し出して、もう無いと宣言する。折檻が再開され、彼らは死んだふりをして、地面に倒れ、白眼にして、手足をふるわせる。しかしこの計略も、なんの同情もひきおこさない。よく知られていることだから。彼らは木にしばりつけられ、もう一度彼らに強打・鞭打が浴びせられる。……かくして、少しずつ農民は負うているものを支払う。

　この習慣――たやすくは支払わないこと――は農民のあいだで非常に尊重されている。これらの折檻や不名誉をこうむることは、彼らのあいだで名誉とされている。もっとも多く打たれ、もっとも苦しんだ者がもっとも尊敬される。もし、たぶん、旱天《かんてん》のために土地から作物がとれないときには、彼らは支払うべき金額を作るために子どもや家畜を売る。ムガル権力の容赦《ようしゃ》のない収奪のために一七世紀後半、北インドの農民は死せんばかりのところまで追いつめられてしまったのである。この時期、これまでのインド史にはあまり見られなかった農民反乱が起こっている。

❖農民反乱

ジャムナ河畔に住むジャート族農民がムガルに対する反乱に立ちあがったのは一六六九年のことであった。この年、ゴクラを指揮者とするジャート族農民がデリー南方で反乱を起こし、地区の軍事長官ファウジダールを殺し、一年間マトゥラ地域を無秩序ならしめた。騒動は弾圧されて大殺戮《さつりく》を受け、ゴクラは処刑されたが、八五年にはラージャ=ラームのもとでふたたび起ち、アーグラ城の近くまで攻めこんだ。一六八八年にはついにアーグラ郊外シカンダラにあるアクバルの廟を襲って貴重な品を掠奪し、持ち去りえぬものは破壊し、さらに大帝の遺骨を焼いて灰を空中に四散させたのである。八九年以後徐々に鎮圧は成功を収めていった。しかし、しばらくの後、ジャートは指導者チュラーマンのもとに三たび結集して独立権力を築いていくのである。

パンジャーブのヒンドゥー教の一派の一神教教団、サトナーミーも反乱を起こした。サトナーミーとは、「真実なる名の人びと」の意味である。彼らは農民や職人から成っていたが、ムガル皇帝権力に反対して武装蜂起し、はげしく皇帝軍と戦った。

そのほかに、パンジャーブのジャート族農民が多く入信したシク教団も、第一〇代の導師ゴーヴィンド＝シングの指揮のもとでムガル軍と戦った。

❖マラータ族の抵抗

また、南インドのマハーラーシュトラでは、シャー＝ジャハーン皇帝の時期からシヴァージーが、ゲリラ戦、機動戦を行なってムガルの勢力を悩ましつづけていた。シヴァージーはマラータ族農民の支持を得ていた。そしてシヴァージーの軍隊の主力は農民出身の歩兵であった。シヴァージーの死後、その子サムバージーがマラータ族をひきいてムガル皇帝軍とたたかい、サムバージーの死後は、マラータ豪族たちがゲリラ戦で重装備のムガル軍五〇万と戦いつづけ、ついにはムガル軍を圧迫するまでになった。

こうして各種の反抗勢力の渦巻くなかで、大ムガル帝国は没落していくのである。

Ⅱ

アクバル

皇帝権力の上昇

❖幼少年時代のアクバル

アクバルは一五四二年一一月二三日、シンドのウマルコットの小城塞で生まれた。当時は父帝フマーユーンは反乱軍のシェール＝シャーに追われて、アーグラ、デリー、ラホールと転々と逃げ歩き、家族とわずかな従者を連れてインダス川を下り、タール砂漠の西側でラージプート族の小王侯の支持を得、砂漠を横切ってジャムナ河畔に出たいと作戦をねっていたところであった。母の名はハミーダ＝バーヌー＝ベーグムといった。

父帝フマーユーンのシンドからの帝位奪回作戦はうまく進まず、フマーユーンはペルシャに行ってペルシャ皇帝の助けを借りるか、それとも、最悪の場合、世を捨ててメッカに巡礼に行くかにしようと心にきめて、インダス川を渡り、西のカンダハルの方へ道をとった。

当時アフガニスタンのカーブルには、フマーユーンの弟カームラーンが君臨しており、カンダハルには同じく王帝アスカリー＝ミールザーがいた。フマーユーンの接近を聞いてアスカリー＝ミールザーは二〇〇〇騎をもって兄皇帝を襲撃してきた。フマーユーンはからくも追撃を逃れたが、馬が足りなかったので幼いアクバルを後に残して行かざるをえなかった。アクバルはおじの軍に捕えられてカンダハルに送られ、その後カーブルに送られた。

父帝フマーユーンはペルシャに向かい、シスターンの町でペルシャ皇帝に迎えられた。ペルシャ皇帝はフマーユーンをペルシャの宗派シーア派に改宗させた後、一万四〇〇〇騎を貸してフマーユーンにカンダハルを攻めさせた。カンダハルに包囲されたアスカリー＝ミールザーは一五四五年九月降伏し、兄に許された。フマーユーンはさらに北進した。カーブルにいた王弟カームラーンは逃走し、フマーユーンは戦いを交えずに一五四五年一一月にカーブルに入城した。やがて、母ハミーダ＝バーヌー＝ベーグムも到着し、フマーユーン一家はふたたびそろっておちつくことができたのであった。

少年時代のアクバルに、乳母《うば》のほかに教師がつけられた。しかし教師は、四人入れかわったが、アクバルに文字を教えこむことにはだれも成功しなかった。アクバルはラクダや犬とたわむれ、馬を乗りまわすほうを好んだ。アクバル自身は字を習おうとはしなかったが、人が物語を読むのに耳を傾けることは好んだのであった。

少年時代のアクバルはきびしい運命に出会わすこともあった。カーブルを回復してアフガニスタンの地に勢力をたくわえたフマーユーン皇帝が、北のかたバダクシャーン地方を征服に行き、途中重病にかかり四日間意識不明のときがあった。このとき、前から放浪していた王弟カームラーンがとつぜんカーブルを急襲して占領してしまった。もどってきたフマーユーンがカーブルを包囲して攻撃すると、カームラーンは、幼いアクバルを城壁にさらしたのであった。しかしアクバルの身に異状はなく、カームラーンは敗れてカーブルを逃れ出た。

フマーユーンとカームラーンのカーブルの取り合いは、もう一度行なわれる。ムガルの王統では王弟が皇帝の死物狂いの争いの相手となることがしばしばである。「王冠か棺桶か」という言葉があるくらいで、王位に安住するためには、まず自分の兄弟を打ち倒さなければならなかったのである。

結局、後にカームラーンはフマーユーンに捕えられて両眼をえぐり取られるのである。

❖フマーユーンのインド帰還

フマーユーンは、インドをもう一度取り返したいと思っていた。アフガニスタンのカーブルはそのための一つの足場にすぎなかったのである。北インドの平原では、フマーユーンを追い出したシェール＝シャーが一五四五年に死に、その子イブラーヒーム＝シャー＝スールも一五五三年に死んだ。そのあとを襲ったムハンマド＝アーディルは劣った人物であった。

フマーユーンは一五五四年一一月、兵を発してカーブル川に沿って下り、ペシャワルを取り、翌年二月にはラホールを占領し、さらにシカンダル＝スールの軍隊を破って、七月にはデリーを占領し、宿願を達成した。

フマーユーンはデリーの帝位の座に長くはいることができなかった。翌五六年一月二四日の夕方、シェール-マンダル宮殿の階段から落ちて死んでしまったからである。当時ムガル軍の諸将は北インドの要地の攻略に従事し、王子アクバルはバイラーム＝カーンの保護下にパンジャーブ地方で残敵狩りをしていた。デリーの守備は一万二〇〇〇騎だけであった。こうした事情から皇帝の死はなるべく長く秘せられ、急使がパンジャーブに走った。

❖パーニーパットの戦い

アクバルとその師バイラーム＝カーンとは、フマーユーン帝の死の知らせをパンジャーブ地方のカラーナウルで受けた。そして二月一四日、その地で、アクバルは即位の式をあげた。

ここで当時のアクバルの置かれていた状況を見てみよう。アクバルの位置はけっして安定したものではなかったのである。ムガル軍はデリー、アーグラを占領してはいたけれども、西北インドにはスール王朝一族の残党がいた。そのなかでももっとも強力なものが、スール王朝のヒンドゥー教徒の将軍ヘームーであった。アフガニスタンには王弟ミールザー＝ムハンマド＝

パンジャーブのカラーナウルにあるアクバル即位の基壇

ハキームがいたが、彼がどこまで兄アクバルに忠誠であるかはわからなかった。西南のラージャスターンではラージプート族諸侯がおのおの独立の威勢を誇っていた。グジャラートは北インドから独立していた。東インドではベンガルが独立しており、中央インドではマールワー、ゴンドワナの両地方はいずれもその他の小首長の統治のもとにあった。南インドには、カーンデーシュ、ベラール、ビーダル、アフマドナガル、ゴルコンダなどの王国があり、最南端にはヒンドゥー教のヴィジャヤナガル帝国があった。巨大なインド亜大陸は群雄割拠のありさまで、ムガル軍はその大海のなかの一片の木片のような状況だったのである。

北インドでヒンドゥー教徒将軍ヘームーの力が圧倒的に強くなった。ヘームーはアーグラを占領し、デリーでムガル軍を破り、自分の名を刻した貨幣を発行して北インドの覇者の立場に立った。こうして北インドにムガル軍が生き残るためには、ヘームーとの決戦が必然となるに至った。幼帝アクバルの師、バイラーム＝カーンは、デリーでろくに戦わずに逃げてきたムガル軍の将軍タルディー＝ベッグの罪を責めてこれを殺し、ムガル将校の気持ちをひきしめた。

ムガル軍とヘームーの軍は、デリーの西北、パーニーパットで会戦した。この地では一五二六年にアクバルの祖父バーブルによって第一次パーニーパット戦がたたかわれたことがあった。

決戦は一五五六年一一月五日に行なわれた。ヘームー軍の戦象はムガル軍の左右両翼を撃破し、ヘームーは中央を崩そうとして力戦した。そのとき、一本の矢

バイラーム＝カーンに銃を教わるアクバル
（アクバル-ナーマより）

がヘームーの目を貫き、ヘームーは倒れて意識を失った。主将が倒されたのを見てヘームー軍は混乱して退却した。ヘームーの乗った戦象はムガル軍に捕えられ、ヘームーは意識不明のままアクバルの前に引き出され、アクバルは剣でその首をはねた（第二次パーニーパット戦）。

こうしてムガル軍はデリー、アーグラを回復した。さらに南ではグヮリオール要塞がムガル軍の手にはいり、東ではジャウンプルの地域にムガル軍が進出した。ムガル軍は北インドでようやく安定した位置を占めるに至った。

❖バイラーム=カーンの失脚

このころが、皇帝の師傅《しふ》、バイラーム=カーンの得意の絶頂のころであったろう。バイラーム=カーンはアクバルのいとこサリーマー=ベーグムと結婚し、また自分と同じくシーア派を信奉するシャイク=ガダーイーをサードル=イ=スドゥールの位置にすえた。サードルというのはイスラーム国において教義・法律上の最高決定権を持つもので大本山管長と最高裁長官をあわせたような職能のうえに、さらに宗教や慈悲のための寄進地を与える権限を持っていた。このシャイク=ガダーイーのサードル任命は、宮中のスンニ派高官には快く思われなかった。そして各方面からバイラーム=カーンを引きずりおろそうという動きが起こった。アクバル自身一八歳になっており、自由に使える金もなく、もっと大きい権力を手に入れたがっていた。かくしてクーデターが起こった。

クーデターの主役は、アクバルの乳母マーハム＝アナガ、その子アドハム＝カーン、その親類でデリーの総督シハーブ＝ウッ＝ディーンであった。一五六〇年三月のある日、アクバルはアーグラを出て、デリーに向かった。アクバルがデリーに到着するとデリー総督は都の守りを固め、また使者を発して要地のムガル将校に、バーラーム＝カーンがすでに皇帝の信頼を失ったことを伝えた。アーグラに残ったバイラーム＝カーンのほうでは、バイラームに反乱をすすめる者もあったが、党派は小さくなっていき、バイラーム＝カーンは反乱を起こす気もなくアクバルの命令を待っていた。

アクバルが書面でバイラーム＝カーンに発した命令は次のようなものであった。「自分はこれまで国政のことは汝《なんじ》にまかせてきたが、これから自分自身で国政を見ようと思う。汝は、永いあいだの念願であったメッカへの巡礼におもむくがよかろう」。こうしてバイラーム＝カーンの勢力は一度に地に落ちた。バイラーム＝カーンはいろいろと迷った末、反乱に踏み切るが、ムガル軍に追いつめられて捕えられる。皇帝は反乱の罪を許してやり、メッカに出発させるが、バイラーム＝カーンは旅行の途中で私怨を抱く人によって暗殺されてしまった。

アクバルはバイラーム＝カーンの枷《かせ》から身をはずすことに成功したが、まだ独自の皇帝権力を打ちたてるまでにはなっていなかった。バイラーム＝カーンの失脚後、宮廷の重心はアクバルの乳母を中心とすることになり、アクバルはこの勢力から徐々に身を解放していかなければならなかった。

❖ペチコート政権

バイラーム＝カーンに代わって登場してきた新勢力は、乳母マーハム＝アナガとその子アドハム＝カーンおよびマーハム＝アナガにお気に入りの残忍な武将ピール＝ムハンマド＝シルワーニーを中心としたものであった。

ムガル政権は、中央インドのマールワーを征服することにきめた。マールワーにはバーズ＝バハードゥールという君主が君臨していた。アドハム＝カーンを総大将とし、ピール＝ムハンマドを副将とする一軍が派遣され、戦争の経過は順調だった。だが、ある会戦で勝ったあとピール＝ムハンマドは捕虜を一群一群前に引き出させては殺しまくり、血の川の上に血の川が流れたという。ピール＝ムハンマドは「ひと晩のうちにこれだけの捕虜が全部得られたのだ、これをどうすることができよう」とつぶやくのみであった。

いっぽう、アドハム＝カーンのほうは、莫大な戦利品のうち象をいくつかアクバルのもとに

ファテープル-シークリーでのシャイク=サリームの行者生活

とどけたほかは、私蔵してしまった。とくに婦人たちを自分のものとしてしまったことはアクバルを怒らせ、アクバルはアドハム=カーンを責めるために急にアーグラを出発し、わずかの従者を連れただけでマールワーへ急行した。わが子に皇帝の出発を告げる乳母マーハム=アナガの急使も追いつけないほどのスピードで皇帝はマールワーへあらわれ、アドハム=カーンは驚いて女たちを殺し、皇帝に忠誠の敬礼を行なった。

❖皇帝権力の上昇

一五六一年には帝国の東部、ジャウンプルの知事カーン=ザマーンに反意があると聞いてアクバルは東に急行し、ガンガ河畔のカラの地でカーン=ザマーンと会い、その忠誠の敬礼を受け入れてアーグラに引き返している。

このころ、カーブルから重臣アトガ=カーンが到着し、アクバルに重く用いられるようになり、マーハム=アナガの勢力はまた一歩後退した。アクバルはしだいに国政に自分の関心をそそぐようになり、アドハム゠カーンをマールワーから呼び返し、マールワーの処理をピール゠ムハンマド゠カーンにまかせた。ピール゠ムハンマド゠カーンは、チンギス゠カーンのように征服した先々の住民を殺しまくりながらバーズ゠バハードゥール王を追撃したが、途中川を渡ろうとして水におぼれて死んだ。歴史家ブダウニーは、「彼は水によりて火に入りぬ」と記し、残虐な武将の当然の運命としている。このピール゠ムハンマドの死によって、マーハム゠アナガの勢力はさらに打撃を受けた。

❖ラージプートとの同盟

一五六二年一月、アクバルはイスラーム教の聖者クヮージャー゠ムイヌ゠ウッ゠ディーンの墓に詣でるためにアジメールに向かった。途中、デオサの地でアクバルは、ラージャ゠ビハーリー゠マルと会った。ラージャ゠ビハーリー゠マルは、ラージャスターンにあるラージプート土侯国のなかでも勢力のあるアンベル（ジャイプル）のカチワーハ゠ラージプート族王国の首長であった。ラージャ゠ビハーリー゠マルは自分の長女をアクバルの妻にさし出し、ここにラージプート王国とアクバルの婚姻同盟が成立した。ラージャ゠ビハーリー゠マルの子ラージャ゠バーグワン゠ダースとその養子ラージャ゠マーン゠シングがムガル軍の将校として加わった。この二人はその後のアクバルの征服戦争のなかで大きな働きをすることになる。こうして婚姻を通じてラージプート族の軍事力の協力を得たアクバルの立場は、以前とはくらべものにならないほど強力になったのであった。

これまで宮廷の実権を握ってきた旧勢力は、この状況のなかで最後のあがきをした。一五六二年五月、アドハム゠カーンは、アクバルの信頼あついアトガ゠カーンに宮廷内で襲いかかり、二人の部下をしてアトガ゠カーンを刺し殺さしめた。アクバルは宮廷内でこの事件が起こったとき、ちょうど昼寝をしていたが、騒ぎに起こされて現場に行き、ただちにアドハム゠カーンを斬り、臣下に命じて二回アーグラの城壁から落とし、命を断った。アドハム゠カーンの母マーハム゠アナガは病床にあったが、この事件によりショックを受けて四〇日後に亡くなった。アクバルは他のマーハム゠アナガの党には寛大に扱い、報復をおそれて逃亡したムヌイム゠カーンの罪を許してやり、政局を安定させた。これは、アクバルが二〇歳のときのことだった。

❖アクバル権力の確立

史家アブル゠ファズルは、これ以後アクバルは「幕の裏」から出て、世の事がらに気を配るようになったと記しているが、一五六二年のこの事件のあと、アクバルは世の事がらに直接手を下して決定するようになる。アクバルは、それまで信頼していた人びとの実態にいや気をさしたのであろう。これ以後、自分自身の判断ですべての事にあたり、母にさえも政治に口出しさせなかった。

殺されたアトガ＝カーンの一族は復讐をするおそれがあったので、パンジャーブの塩地方面に反乱討伐の口実で出された。のちにアクバルに会ったジェスイット宣教師ペルスチは、アクバルを評して次のように言っている。

「彼は身辺のことがらに関して他人によく相談する。そして、しばしば側近の忠言を容れる。しかし、最後の決定は——もっともなことだが——皇帝が常に握っている」。

マーハム＝アナガの権力から脱したアクバルがまず行なったことは、経理に明るい宦官《かんがん》イティマッド＝カーンを登用して帝室経済を整理させたことであった。マーハム＝アナガのもとでアクバルは一八ルピーのはした金にも困った、と言われている。まず帝室経済を再建することは、アクバルにとって緊急に必要なことであった。

当時の一流歌手ターンセーン

同じころアクバルは音楽にも趣味を持ち、グワリオールから音楽家ターンセーンを呼びだしてその歌を愛したという。ターンセーンはヒンドゥー音楽をムスリムにも理解しうるように工夫した人物として知られている。

❖対ヒンドゥー政策

一五六三年から六四年にかけて、アクバルの対ヒンドゥー政策が特色をもってはじめられる。一五六三年、アクバルはデリーとアーグラのあいだのマトゥラで虎狩りをした。その地で、ヒンドゥー教の聖地に巡拝するヒンドゥー教徒から巡礼税を徴収していることを知った。アクバルは、たとえ信仰の形式が間違っていようとも、創造者なる神をあがめるために集まった人びとに税金をかけるのはよろしくない、と言って、全国土にわたって巡礼税の徴収を廃止することにした。免ぜられた金額は、宮廷史家アブル＝ファズルによると数百万ルピーにのぼったという。

『アクバル-ナーマー』の著者　アブル=ファズル

翌一五六四年には、ヒンドゥー教徒にかけられる人頭税ジズヤが廃止された。

さて、これらの政策をさして一般に「アクバルはヒンドゥー教徒とムスリムの融和をはかった」という評価が流布しているのである。

当然のことだが、中世国家は一つの階級からのみ構成されているものではない。抑圧者封建貴族と被抑圧封建農民からできているものである。アクバルの帝国の場合、ムスリム貴族および若干のヒンドゥー教徒貴族が支配階級であり、圧倒的多数のヒンドゥー教徒農民が被支配階級であった。そしてアクバルはこの両階級の融和を志すどころか、地税政策にもあらわれているようにすさまじい圧制者、抑圧者だったのである。だから、このいわゆるアクバルの「融和」政策の原因は、もっと他の要素に求められる。

アクバルがジャイプルのカチワーハㇳラージプートの娘を後宮に入れてから、アクバルはラージプートのこの部族の武力の支持を手に入れて帝権を固めたのであるが、アクバルのほうとしてもラージプート貴族の心証をよくする政策をとる必要があった。すなわちヒンドゥー教徒貴族に対する融和であった。

もう一つ考えるべき点は、アクバルのもとでも、ムガル将校による公金の私消、着服は絶えることがなかった。ムガル王朝の年代記を通じて地方税、雑税の廃止は何回も勅書ファルマーンで出ているが何度発令しても効果があがらないのである。巡礼税もまたムガル地方官の収入源となっていたことであろう。これを廃止することは皇室財政にとってすこしも痛手にならなかったはずである。人頭税についても全体として同様のことが言える。ラージプターナの地における人頭税の廃止は、アクバルに協力的なラージプート貴族の心を喜ばせたにちがいない。

こうして、これらの政策はアクバルの帝威を高めることと、ラージプート貴族の歓心を買うことに目標があったと見るべきであろう。「アクバルはヒンドゥー教徒とムスリムの融和を志した」と一般に流布されている偏見は、インドをあくまでも宗教の点からのみ割り切って見ようとする植民地主義の遺産なのである。

❖東方、南方への征戦

マールワー地方の平定についで、その東、つまり中央インドの東北部ゴンドワナの征服が計画された。アーサフ＝カーンがゴンドワナ征服軍の司令官に任命され、アーサフ＝カーンは女王ラーニー＝ドゥルガーヴァティーを破ってその首都チャウラガルを占領した。チャウラガルの陥落にあたって、ゴンドワナ王国の王族の婦人たちは、薪を積んだ上にのぼり火をつけて自ら焼け死ぬジャウハルの儀式を行なった。

アーサフ＝カーンは一〇〇〇頭の象を含むおびただしい戦利品を手に入れたが、そのうち二〇〇頭しかアクバルに贈らず、あとを自分のものにしてしまった。同じ六四年、マールワーの総督アブドゥルラー＝カーン＝ウズベックがアクバルに反し、皇帝の軍に破られて逃亡した。翌一五六五年には東方ジャウンプルの総督カーン＝ザマーンが反乱し、アクバルの派遣した討

城塞建築の粋アーグラ城　アクバルによって起工され、ジャハーンギール、シャー=ジャハーンの3代にわたって完成。

伐軍を打ち破ってしまった。アクバルはカーン=ザマーンと和を結ぶという中途半端なことで満足しなければならなかった。

中央アジアからやってきたムガル軍の将軍たちは野心を持ち、ともすれば皇帝にそむいて独立権力をたてたがっていた。アクバルのほうは、それをおさえるだけの十分の武力をまだ持っていなかったのである。

アクバルは建設にも興味を持っていた。一五六五年、アーグラの旧城を徹底的に修復する命令が出され、今日も残るアーグラ城の原型が築かれた。この工事は大規模なもので、一五、六年の年月と三五〇万ルピーを費やしたものであった。そしてそのために農民たちは特別税を払わなければならなかった。アクバルはアーグラの城をベンガル風やグジャラート風の建造物で飾ったが、それらの多くは孫のシャー＝ジャハーン皇帝のときに取りこわされ、シャー＝ジャハーンの好む建物が建てられて今日に至っている。

そのほか、一五六四年の終わりに、アクバルはアーグラの南七マイルのカークラリーの村に別荘としての宮殿を建てている。これは狩りのためにつくられたもので、アクバルはこの小宮殿にアーマナーバード（平和の町）という名をつけた。しかし、この建物は、アクバルの晩年のころに書かれた歴史記述には、この小宮殿はいつのまにかなくなってしまったこととされている。小宮殿のまわりには町も興こったらしいが、今日、そのあとはかすかに見られるだけである。おそらく、石材などは、他の建物をたてるときに移されてしまったのであろう。

❖パンジャーブへの出撃

アクバル治世第一九年、二〇年（一五七四〜七六）の改革のはしりを思わせる改革が第一一年（一五六六）にムザッファル＝カーンによって行なわれた。改革は地方の村落共同体連合の会計係カーヌーンゴーを官僚体制のなかに把握する目的で行なわれたようであるが、具体的な内容はわからない。おそらく租税の取り扱いをめぐって官僚による不正がおこらないようにチェックしたものであろう。

一五六六年には、アクバルの身辺はなお、安全ではなかった。西北のアフガニスタンから王弟ムハンマド＝ハーキムが侵入してきたのである。そして東方ではカーン＝ザマーンがムハンマド＝ハーキムを王とした祈りの言葉を宣布した。アクバルはムニム＝カーンに首都のことをまかせ、自ら軍を率いて北上し、デリーをへてラホールに至った。アクバルのこの戦備を見てムハンマド＝ハーキムは軍をアフガニスタンに引きあげた。

首都への帰途で、アクバルの中世人としての気性の荒さを示す事件が一つあった。デリーの北、ターネサールにはヒンドゥー教徒の崇敬する寺院があり、ここに信者からお布施《ふせ》をたかる苦行者たちがいた。苦行者たちは二つの集団に分かれて、互いに敵意を燃やし、論争はアクバルに直接訴えられるまでになった。問題はお布施のもらい場の縄張り争いだったのだが、アクバルはこの二つの集団が暴力で勝負をきめることを許した。二つの集団は剣をひらめかして争ったが、一方の数が少なくて負けそうになったのを見たアクバルは、側近の者に命じて弱いほうの応援にかけつけさせた。剣がきらめき、勝負は逆転し、多くの苦行者が殺された。皇帝はこの光景を見て非常に心楽しんだ、という。

❖カーン＝ザマーン征討

さて、ムハンマド＝ハーキムがアフガニスタンに引きあげ、国内では皇族ミールザー一族の反乱が鎮圧され、いまやアクバルは東方のカーン＝ザマーンの謀反を退治することになった。

一五六七年五月、アクバルはアーグラを発し、ガンガ川を越えて西には来ないという約束を破ったカーン゠ザマーンを掃討するために進んだ。アクバルはマニクプルの地で持ち前の豪勇を発揮して戦象を泳がせて川を渡った。続く一〇〇〇騎ないし一五〇〇騎のムガル軍将士もなんとかして川を渡った。いっぽう、カーン゠ザマーンのほうは油断をして、哨兵《しょうへい》も立てていなかったから完全に不意を襲われたことになり、カーン゠ザマーンは敗死し、その弟のバハードゥールは捕えられた後に斬首された。アクバルは、ムガルの重臣でありながら、しばしば反意を示すカーン゠ザマーンに憎しみを持っていたようである。捕えられたカーン゠ザマーンの部将たちの何人かを象で踏み殺させた。そして、だれでもムガル反徒の頭を持って来た者には金貨一ムフール、インド人反徒の頭を持って来た者には銀貨一ルピーを与えることが約束された。群衆が頭をさがしに四方に散って行った。

そのあと、アクバルはアラーハーバードをへてヴァーラーナーシーまで進み、ジャウンプルをへてアーグラに帰った。

❖チトールの攻撃

征戦はさらにつづけられ、同じ一五六七年九月、アクバルは南のかた、ラージャスターンのチトールに向かって進軍し、翌月チトールを包囲して陣を布いた。

チトールはラージプート族のうちのセソディア部族（メワール=ラージプート）の代々の拠点であった。ラージプート族とは六世紀ごろ中央アジアからインドに侵入して北インドに割拠した諸部族がインド文化の洗礼を受け、自らをクシャトリア（戦士）のカーストに位置づけて土着化した族団である。一三世紀のイスラーム勢力の北インド侵入後、ラージプート族は、北インド中部の版図を失って、北インド西南の砂漠に近いあたりにかたまって、メワール、マルワル、ジャイプル、ビーカネール、ジャイサルミールなどの諸部族ごとに王国を形づくってきた。ラージプート族は勇敢な戦士であり、鋤《すき》を取るときも剣を離さないといわれるほど、武勇の誇りを持っていた。王国は血縁制で強く結ばれた封土関係によって統治されていた。

ラージプートの諸部族のなかでもメワールのセソディア=ラージプートは古い歴史を持ち、六〇〇年ごろにはすでにインドに在り、七二八年ごろにはチトールの城を奪取してここを居住とした。セソディア部族の長はとくにラーナーと呼ばれ、全ラージプート諸君長の宗室たるの位置を持っていた。

北インドを安全に保持するには、ラージプート族の力を撃破する必要があった。だからムガル帝国初代の皇帝バーブルは、ラーナー=サンガの率いるラージプート連合軍と戦ってこれを撃破することにより、北インドの領土を安全に保持しえたのだった。アクバルの場合も、セソディア=ラージプートに打撃を加えることは、北インドの確実な保持のために必要であった。

さらにラージャスターンの南にはグジャラートの平野があった。グジャラートは豊かな農産物を産し、そのうえスラトなどの海港があり、アラビア海を経由する商業交通路の要衝として富を蓄積していた。このグジャラートに出るにはチトールの要塞を抜かなくてはならなかった。チトールの城は平原の上にそびえたつ周囲八マイルほどの岩山であった。山頂のふちは内側に傾斜しており、水源は豊かであった。山の上に城塞都市がそびえ、難攻不落の要害であった。ラーナー＝ウダイ＝シングは王者としての勇気に欠け、チトールの防衛を部将ジャイマールにまかせて奥地に退いた。

ジャイマールは堅固に要塞を防いだので、アクバルは地下道を掘り、爆薬をしかけて城壁を崩そうとした。攻防が続いたが一五六八年にはいって二月二三日、城の上で部下を指揮している指揮官らしい服装の者をアクバルが発見し、自ら銃を取ってこの将校を撃ち倒した。それから間もなく、城内数か所に煙が上がったという報告があり、アクバルに仕えるラージャ＝バーグワン＝ダースは、これは全滅に先だって女・子どもを生きながら火にくべるジャウハルの式であろうと報告した。インド軍では主将の死は全軍の壊滅につながるのである。翌日、ジャイマールの死、ジャウハルの挙行が確認されるとアクバルは総攻撃を命じた。城兵八〇〇〇と、城にたてこもった農民四万のうち三万が虐殺されたという。

ラーナー＝ウダイ＝シングは、奥地にウダイプルの町を作り、四年後に死ぬが、その子ラー

チトール（ラージプート族の都）の激戦

ナー＝プラタープ＝シングはムガル権力に対する抵抗をあくまでもつづけたのであった。

チトールを落として後、アジメールの聖地に参詣してから、一五六八年三月、アクバルはアーグラに帰還した。

❖ランタンブホールの占領

チトールの城を落として次の課題は、北インドの西南部地帯を制するランタンブホール要塞の奪取であった。ここはラージプート族のチャウハーン部族が守っていた。包囲一か月の後、主将スルジャン＝ハーラーは降伏した。この降伏の過程について、『ラージャスターン年代記』の作者トッド大佐は、次のような物語を記録している。陣中で、アクバルに仕えるカチワーハ－ラージプートのラージャ＝マーン＝シングと、ラージャ＝バーグワン＝ダースとが、主将スルジャン＝ハーラーを説き伏せてみようと考え、同じラージプート族

チトールにアクバルが建てた記念塔

ラージプート族がたてこもるランタンブォール城を攻めるアクバル
(『アクバル-ナーマー』より)

のよしみで軍使として城内にはいることができた。そして、「チトールの封地として城を固守する」ことの無益を述べ、降伏を勧告したのであった。会談の席上、矛《ほこ》持ちの従者に変装していたアクバルが見破られ、ラーオ=スルジャンは瞬間の敬意からアクバルを上段の席に坐らせた。アクバルは言った。「さて、ラーオ=スルジャン、いかがいたすか」ラージャ=マーン=シングが言葉をつづけた。「ラーナーを去れ、ランタンブホールを捨てよ。そして帝の僕《しもべ》となり、高き位置と名誉を受けよ」と。スルジャン=ハーラーに提示された賄賂は莫大なものであった。五二地域の行政と徴税権、ムガル軍に武装兵力を提供する義務、称号の自由が約束された。

つづいてブンデルカンドのカーランジャル要塞が降伏した。要塞の指揮者ラームジャ=ラームチャンドはアラーハーバードの付近にジャーギール（封地）を得た。

こうして、一五六九年までに北インドの重要な要塞は次々とアクバルの手にはいり、今やアクバルは南はグジャラートに、東はベンガルに野心的な征服戦を自由に行ないうる立場に立つに至った。

❖アクバルの王子たち

同じ一五六九年にはアクバルに男子が生まれている。アクバルは長いあいだ子ができなくて、しばしば聖地に詣でては男子の出生を神に祈ったものであるが、この年、アクバルが最初に結

サリームの誕生（『アクバル-ナーマー』より）

王子サリームの誕生を記念して新都市シークリーを建設

婚したヒンドゥーの妃、アンベルのラージャ＝ビハーリー＝マルの娘がみごもったことを知り、非常に喜んで、崇敬しているアーグラの西二〇マイルの地のシャイク＝サリーム＝チシュティーのもとに彼女を送り、そこで静養させた。八月、男児が出生し、サリーム王子と名づけられた。翌七〇年には第二王子が生まれ、ムラードと名づけられた。第三王子ダーニヤールが生まれたのは一五七二年、アジメールにおいてであった。そのほか少なくとも三人の女児がサリームのあとで生まれている。

同じ一五七〇年ごろ、ビーカネールとジャイサルミールの二つのラージプート王国から王女がアクバルの後宮にはいっている。

❖新首都の経営

一五六九年、アクバルは、かのシークリーの地に王城を構えることにした。この地は小高い山をなしているが、そこに石の城壁が築かれた（しかしこの城壁は最後まで完成しなかった）。いろいろな階級の人びとの住居や学校も建てられた。深い井戸が掘られ、特別閲見所や後宮の建物やイスラーム寺院や象や馬のための建物まで作られた。建物はこの地方で多く産する赤色砂岩を使い、一四、五年にわたって建築がつづけられた。アクバルはグジャラート征服から帰って後、この城にファターバード（勝利の町）という名をつけたが、やがて人びとのあいだで、

ファテープル-シークリーの記録所

ファテープルと呼ばれるようになった。ファテープル-シークリーの城は現在も残っており、アーグラ観光のうちの一コースになっている。

ファテープル-シークリーの城のグジャラートに面する側に大きな門があり、ブランド-ダルワザーと呼ばれている。イスラーム寺院の入口の門の形をなすもので、非常に大きなものである。一般にグジャラート征戦の勝利を記念して建てられたものであると言われている。

一五六九年から一五八五年まで、ファテープル-シークリーは王の居城であった。一五八二年に貯水池がこわれたことはあったが、修理して使われた。一五八五年にアクバルがカーブルへ遠征に出発した後、この都には皇帝はふたたびもどらなかった。そのあと城下町もさびれ、石の建物だけが残ったのである。

❖ラルフ＝フィッチの描写

アーグラおよびファテープル＝シークリーの当時のにぎわいに関して、一五八五年九月――アクバルの出発直前――にこの地を訪れたイギリス人商人ラルフ＝フィッチの記述が残されている。ラルフ＝フィッチは次のように書いている。

アーグラは非常に大きい都市で人口も多く、石造りで、美しく大きな道路があり、町のそばを美しい川が流れている。その川はベンガル湾に注いでいる。アーグラには美しい城と強力で美しい濠がある。ここには多くのムーア人や異教徒たちがおり、王はゼラブディン＝エチェバル（ジャラール＝ウッディーン＝アクバル）と呼ばれている。大部分の人は彼を大モゴールと呼んでいる。そこからわれわれは、王の宮廷のあるファテポールへ行った。その町はアーグラよりも大きかったが、家や道路はアーグラほど立派ではなかった。ここにムーア人や異教徒たちがたくさん住んでいる。

人びとの話によると、王はアーグラとファテポールに一

アクバル帝に愛された
廷臣ラージャ＝ビールバル

ファテープル-シークリーに残るビールバルの家

〇〇〇頭の象、三万騎の馬、八〇〇〇人の妻妾とを持っている。……アーグラとファテポールは二つの非常に大きい都市である。そのいずれもがロンドンよりはるかに大きくて人口も非常に多い。アーグラとファテポールのあいだは一二マイルあるが、その沿道はすべて食糧やその他のものの市場である。店の数が多いので、人はまだ町のなかにいるような気がする。

❖グジャラート征戦

一五七二年七月、アクバルはグジャラート征服のためにシークリーの城を出発した。当時、豊かなグジャラートの野には七つの政権が混戦しており、アクバルはそのうちの一つであるイティマッド=カーンに呼ばれてグジャラートに介入することになったのである。

アクバル軍は順調に進んでアフメダーバードを占領し、キャンベイに進んだ。ここでアクバルは船に乗ってはじめて海を見た。

つづいてアクバルはサルナールの戦いでミールザー一族を破り、バロダからスラトに向かって進軍した。一五七三年一月スラトを包囲し、二月にはこれを占領した。スラト包囲のさい、ポルトガル人とアクバルとのあいだの友好関係が成立した。はじめ、ポルトガル人は包囲されたスラトの町を支援するつもりであったが、アクバル軍の強力さを見て、これと和を結ぶことに傾いたのであった。アクバルのほうも、優勢なポルトガル艦隊の脅威を怖れていたので、両者のあいだに友好的な関係が成立した。ポルトガル人はメッカへの巡礼者の安全な旅行を保証した。アクバルは使者をポルトガルのゴア総督ドン=アントニオ=デ=ノロンハのもとに送り、総督は答礼使としてアントニオ=カブレルを送ってきた。当時インド洋の制海権は完全にポルトガル人の手中にあり、インド側には有効な海軍はなかったので、アクバルはポルトガルとの友好関係を結んだのであった。

アクバルは一五七三年、いったん首都に帰るが、たちまちグジャラートからの急使に接した。グジャラートに反乱が起こり、アクバルが残していった総督の力ではおさえきれないというのである。これを聞くや、アクバルはただちに自ら行って鎮定することにした。しかし、兵馬は疲れており、武装・馬具はすり切れていたので、アクバルは王室の倉を開き、金を将士に分け与え、装備を完成させた。アクバルは少数の兵を率いて出発すると休む間なしにラージャスターンを南下してグジャラートにはいった。そして七三年九月のアフメダーバードの戦いで反軍を破り、一〇月に首都に帰った。

専制国家建設の試み

❖トダル＝マルのグジャラートでの改革

グジャラートでアクバルは、ラージャ＝トダル＝マルに命じて、州の地税徴収について改善するようにした。トダル＝マルは六か月のあいだに耕地の測量をしたという。つまり、耕地面積を調査し、農産物の産額を計算し、その三分の一を税として取りあげるという方法をとったように史書には書かれている。しかし、広大なグジャラートに六か月の期間でそれほど細かな統計が実測されえたかは疑問である。おそらく、地方の首長や村落共同体の会計係に適当な数字を報告させたのではあるまいか。とにかく、この改革で、グジャラートの租税は、徴税に要する費用を差し引いても毎年五〇〇万ルピーを王室におさめるまでになったという。

❖行政改革

一五七四年には、中央政府でも改革の第一歩がはじめられている。ムザッファル＝カーン＝トゥルバティーが宮廷に召し出され、総理ヴァキールの要職につけられ、ラージャ＝トダル＝マルがその下で財務に当たることとなった。

内政改革について語る場合、それまでのムガルの統治制度を見ておかねばならない。それまでのやり方は、一口にいって、ジャーギールダール制度といわれるものである。ジャーギールとは封地であり、ジャーギールダールとは封地を持つ者の意味である。帝国の領域は王室直轄領のほかは、封地としてムガルの将校たちに与えられた。ジャーギールダールたちはジャーギールからの税収入をもって自分と部下の生活を維持し、かつ馬や武具など戦争のための装備を維持しなくてはならなかった。しかし実際には、ムガル貴族たちは収入を勝手に使ってしまって兵馬をろくに養わない場合が多かった。さらに、ジャーギールダール制度では、皇帝の目が全国土のすみずみまで及びかね、その結果将校たちは皇帝の権威を軽んじて独立的で、反乱が常に絶えなかった。

こうした観点を除き、皇帝の威令を高め、ムガル軍を強力にするために内政改革が試みられたのである。改革はこの年、第一九年には宮廷内での反対が強く、実施されたのは翌第二〇年になってからのことである。改革の要点は、軍馬烙印規則《ぐんばらくいんきそく》の発布、帝国全土の王室直轄領化、将校に位階を定めること、の三点であった。これは次のように説明されよう。

ムガル将校の反乱を予防し、皇帝権力を高めるためには従来のようなジャーギールダール制度ではだめで、将校を給料取りの官吏にしてしまう必要があった。それには将校に位階を与え、その位階の高さに応じて給料を支払わねばならなかった。位階はマンサーブと呼ばれ、マンサーブ五〇〇〇を最高として三三の位階が設定された。この位階はザート位階と呼ばれ宮廷席次の位置を示したが、もう一つスワール位階というものがあり、これは将校が実際に維持すべき兵馬の数を示したものであった。だからザート三〇〇〇、スワール二〇〇〇のマンサブダールというのは、ザート三〇〇〇に相当する宮廷での位置を持ち、実際に二〇〇〇騎の兵馬を維持する責務のある将校を示すものであった。そして、このマンサーブの高さに従って給料が支払われるというしくみであった。

こうしてムガル将校を給料によって維持してゆくためには、莫大な財源を心要とする。その財源は、基本的には地税に求められた。そこで従来のジャーギールを与える方法にかわって、全国土を王室直轄領化し、ここに体系的な収税官制度を導入し、現金収入を確保する必要が生ずる。

ファテープル-シークリーの王座の後の柱

❖軍馬烙印規則

さらに、ムガル軍の戦力を維持するためには、こうして与えられた給与に応じて将校が兵馬を維持しているのを確認する必要がある。ムガル将校は、後宮の維持、従者の給与、贈賄などに金を支出し兵馬の維持を怠りがちであったから、定期的に「馬揃《うまぞろ》え」をして、検査し、「馬揃え」に出た馬に特殊な形の烙印を押して、将校たちが馬の貸し借りをしないようにする必要があった。

武力こそは、征服者ムガル帝国がもっともたよりとするものであった。ムガル軍の常備兵力はアクバル時におよそ二〇万騎と推定されるが、この二〇万騎で全インドに散在する大小土侯の合計騎兵四〇万、歩兵四〇〇万を制圧してゆかねばならなかったのである。だから、軍馬烙印規則はムガル軍の生命ともいえるものであった。

この大改革は第一九年（一五七四～七五）に提案されたものであるが、重臣ムザッファル＝カーンなどが反対したため実施は一年延ばされ、第二〇年（一五七五～七六）に行なわれることになった。

❖中世専制帝国を目標

この改革の構想を考えてみると、皇帝を頂点に一六〇〇人のムガル貴族を骨組にして農民に及ぶ整然たる三角形が思い浮かぶ。それは日本の最後の封建制である江戸時代の幕藩体制の構造とはかなり違い、むしろ中国の最後の封建王朝である清朝のしくみと似ていた。清朝は皇帝を頂点とし、科挙によってえりぬいた官僚を骨組として農民に及ぶ大きな三角形の構造を持っていた。アクバルの目指すところは従来のジャーギールダール制にかわってそのようなピラミッド型を人為的に、上から創出していこうということであった。言いかえるならば、上からの中世専制帝国の創出とも、上からの中世の深化とも表現できよう。そして、この改革は上からの改革であるだけに、多くの無理をはらんでいた。その無理はたまりにたまって改革を失敗に終わらせるのである。

ムガル帝国は、結局清帝国のような整然たる官僚組織をつくりえずに終わったが、帝国の秩序を明快ならしめようという努力はアクバルのときに一度行なわれたのである。だがアクバルの構想は実を結ばなかったのである。

❖東方征服

内政改革を計画しつつも、アクバルは、次の征服戦争にとりかかっていた。グジャラート鎮定後の次の目標は東方、ベンガルおよびビハール地方であった。この地方は長くイスラーム勢力下にあったが、統治者は事実上デリーから独立していた。一五六四年にビハールの領主であったスライマン＝カーンは、ベンガルの首府ガウルを占領し、ベンガル-ビハールの王となった。スライマン＝カーンは慎重であり、しばしばアクバルに使いを出し贈物を届けたので、アクバルもしばらくはベンガル-ビハールに手を出さなかった。スライマン＝カーンは一五七二年に死に、後継者あらそいがあった後ダーウードが王位についた。ダーウードはイスラーム寺院での祈りの言葉を自分を王として唱えさせ、自分を王として貨幣を発行し、アクバルの権威を無視した。ダーウードは莫大な富、四万の騎兵、一四万の歩兵、二万の砲、三六〇〇の象によって自信を強め、軍を進めてムガルの前線と戦火を交えるに至った。

アクバルがダーウードの挑発を知ったのはグジャラートにいたときであった。アクバルはムニム＝カーンに命じて兵を率いて東進せしめた。ムニム＝カーンはパトナにまで進み、そこでダーウードの部将の軍と衝突したが両者ともにあまり戦意なく、和平の約束をしてしまった。これには、アクバルも、ダーウードも満足しなかった。アクバルは督戦将校としてラージャ＝トダル＝マルを東方に派遣し戦争を継続させた。ムニム＝カーンはアクバルの叱責によって腰を上げてパトナを囲んだが、彼の軍だけでは不十分に思えたので、アクバルに出馬を乞うた。

アクバルは船隊を用意した後、一五七四年六月に川に浮かんで出征した。ラージャ＝バーグワン＝ダース、ラージャ＝マーン＝シング、シャーバーズ＝カーン、カーシム＝カーンらが王に従った。王の船は立派にしつらえられ、庭園まで船上にあつらえられていたという。

アクバルは八月、パトナの近くに上陸し、パトナへのダーウード軍の補給線を切断した。ダーウードは不利をさとってパトナを撤退し、パトナはムガル軍の手中にはいった。この作戦は常識を破って雨期の悪天候のなかで行なわれた。

パトナ占領の後、アクバルはムニム＝カーンに大軍を与え、ラージャ＝トダル＝マルら督戦将校をつけ、雨期といえども東方に進軍するように命じて首都ファテープル＝シークリーに帰った。

東方戦線の進行は予期されたよりもスムースであった。ごく弱い抵抗を排除してムガル軍はモンギール、バガルプル、カルガーオンを占領し、ベンガルの首府ターンダにはいった。ダーウードはオリッサに退いて抗戦をつづけた。ムガル軍将兵はさらにオリッサにまで進むことをいやがったが、督戦将校の活動およびアクバルからの厳命によってムニム＝カーンはオリッサに進出し、ダーウードの軍とトゥカロイに戦って勝利を得た。捕虜は虐殺され、首だけで「八つの天にとどく高さの塔」を築くほどの戦果を挙げてベンガルを平定した。

❖信仰の家

アクバルが首都ファテープル＝シークリーに帰還したのは一五七五年一月のことであった。到着後一か月たたないうちに、アクバルは城内に「信仰の家」イバーダット＝カーナーの建築を命令した。「信仰の家」は一つのホールであり、そのなかで廷臣たちが宗教問題について討議できるようにとつくられた建物である。アクバルは子どものころからイスラームの教育を受けてきたが、このころから旧来の正統派イスラーム教学に満足しなくなり、神秘主義などいろいろの流派のイスラーム学者と討論するようになる。後には、キリスト教の教義にも関心を注ぎ、ついには自らイスラームから離れてしまい、自分自身を神格化した皇帝崇拝の宗教ディーニー＝イラーヒーを創始するまでになるのである。

イバーダット＝カーナーをつくったころはまだイスラームの神への信仰は厚かった。しかしその信仰は、うるさい教義によってがんじがらめにされた信仰ではなく、神の加護に対する直接の感謝の祈りであった。北インドでアクバルをおびやかす敵手はすでになく、アクバルは神に感謝して一晩じゅう祈ったこともあった、と史家ブダウニーは伝えている。

アクバルはこのイバーダットーカーナーでしばしば集会をもよおし、イスラーム学者たちの論議に耳を傾けるのであった。貴族アミールたちは室の東側に坐り、ムハンマド（マホメット）の子孫と言われるサイイドたちは西側に、高徳のシャイクたちは北側に、学者ウラマーたちは南側に席を占めた。アクバルはそれらのグループのあいだを歩きまわり、しばしば夕方から翌日の昼まで討論に加わった。

この集会には、はじめはムスリムのみが参加していたが、二、三年後にはヒンドゥー教徒、キリスト教徒、その他の信教の信徒も参加するようになってくる。このイバーダットーカーナーでの討議は四、五年ぐらいつづいたものと思われる。今日、この建物のあとは残っていない。

❖キリスト教とアクバル

このころ、アクバルの初期のキリスト教徒との接触も起こっている。イバーダットーカーナーを建てた年の翌年、一五七六年にアクバルは、ベンガルの二人の宣教師が改宗を拒否した話を聞いて印象を強く受けた。そこでベンガルの副司教ジュリアン＝ペレイラ神父をサトガーオンから招き、キリスト教の教義について親しく質問した。神父は学識よりもむしろ慈悲の人だったので、アクバルの質問に十分よく答えることができなかった。

つづいて一五七八年にはゴアのポルトガル副王がアントニオ＝カブレルを使節としてアクバルの宮廷に派遣した。アントニオ＝カブレルはしばらくのあいだ、ファテープル－シークリーに滞在し、アクバルにキリスト教の習慣や考え方について答えた。しかしカブレルは僧職者でなかったのでキリスト教の教義の深くまではアクバルに伝えることができなかった。そこでアクバルは、ゴアから宣教師の一行を迎えることになるのである。

❖行政改革の実施とその失敗

一五七五年から七六年にかけて、アクバル治世第二〇年に、前年に計画された行政改革が実行に移された。ブダウニーは、これまでのジャーギールダールたちの悪さ加減について次のように言っている。

全国土は、直轄地を除いて、アミール（貴族）たちにジャーギールとして保持されていた。そして彼らは邪悪にして不逞《ふてい》、莫大な金額を店舗や仕事場に注いで富を積んだので、軍隊をかえりみたり、人民に関心を持ったりする暇を持たなかった。非常の場合には、彼らは自ら数人の奴隷やムガル系従者とともに戦場にあらわれた。しかし実際に役立つ兵士といったら一人もいなかった。

このような状態を改善するために軍馬烙印規則が実施されたのである。では、状態は改善されたであろうか。ブダウニーは新規則発布後のありさまについて次のように書いている。

　しかしこの新規則にもかかわらず、兵士の状況はどんどん悪くなっていった。というのは、アミールたちは好き勝手なことをしたからである。彼らは自分の召使や乗馬の従者の多くに兵士の服装をさせて、人員点呼に連れてきて、万事職務どおりに行なわせた。しかし、彼らがジャーギールを得るや、彼らは乗馬の従者を罷《や》めさせ、新しい大事件が持ち上がれば必要なだけの借りものの兵士を集めて、仕事が終わればまた彼らをほうり出した。……しかし、あらゆる方角から、ヒンドゥー教徒やムスリムの低級な商人・機織人・綿織物洗濯人・大工・八百屋がたくさんやってきて、借りものの馬を持ってきて、烙印を受け、かくてマンサーブ（将校の位階）に任ぜられ、またはカロリー（徴税官）やアハディ（親衛騎兵）や、だれかのダーキリー（自ら馬を所有しながらマンサブダールに仕える騎士）になったりした。二、三日後に幻影の馬、夢想の鞍はあとかたもなく、彼らは徒歩で職務を遂行しなくてはならなかった。

このようなありさまについて、イギリス人歴史家アーヴィンは、「インドームガルの軍隊」という論文のなかで次のように言っている。

　人員点呼のさいの偽りは、ムガル軍隊がその最盛期においてすらも悩んだ悪であった。

高官たちは互いに、割当兵数をつくりあげるために部下を貸しあったし、市場から集められた貧しい怠け者は手近な運搬用の小さな馬に乗って他の連中といっしょに戦闘力のある兵士として数えられたりしたものだった。

こうして軍馬烙印規則は少しも効果をあげえず失敗した。

将校の位階（マンサーブ）制度も実施された。ブダウニーは次のように書いている。

貴族（アミール）はすべて二〇人のマンサーブから始めることがきめられた。そして命令で定められたとおりの乗馬の部下を用意することがきめられた。そして、規則どおり、彼が烙印のために二〇騎の騎兵を連れて来たときには、彼は一〇〇騎またはそれ以上の指揮官にされた。規則によれば、この人びとは、マンサーブに応じて象や馬やラクダを維持することになっていた。この人びとが自分の新しい部隊を完全に集めて連れて来た場合は、彼らは勲功、事情に

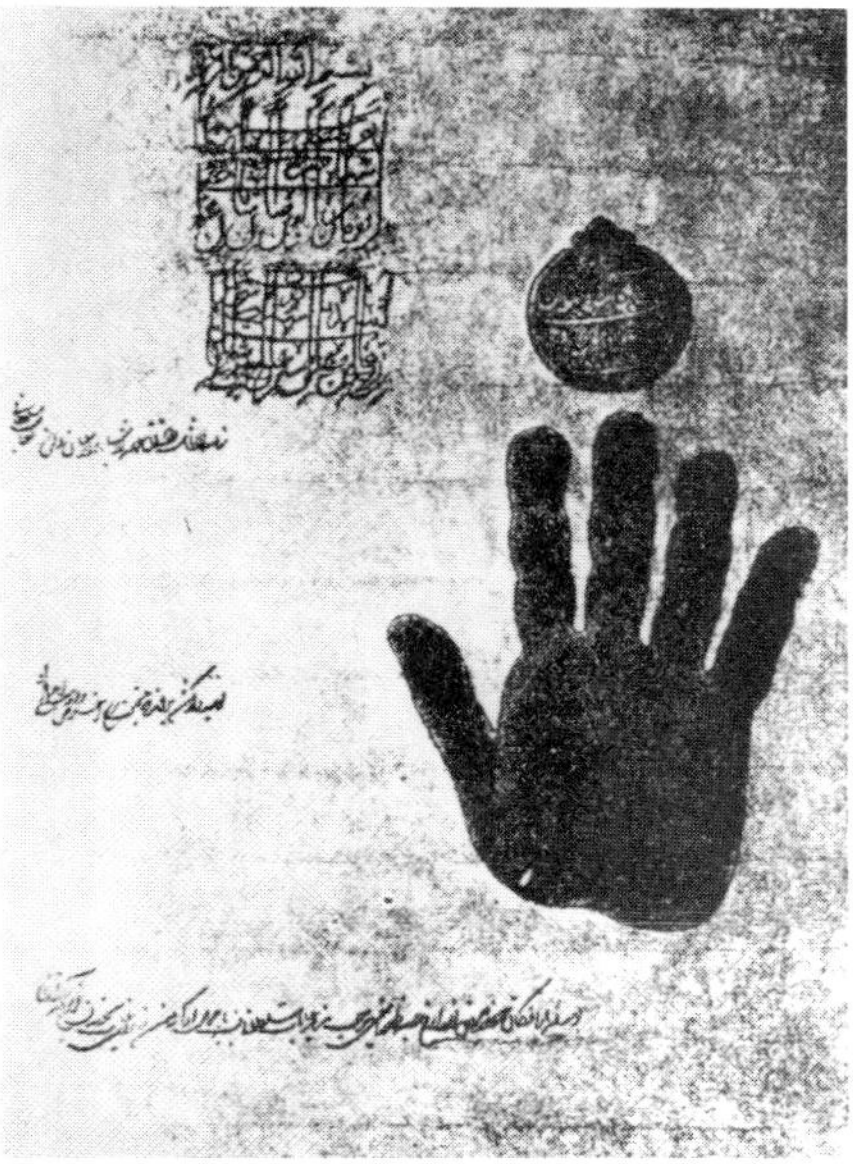
ムガル朝廷の文書

応じて一〇〇〇、二〇〇〇、場合によっては五〇〇〇のマンサブダールの地位を得た。この五〇〇〇が最高の地位であった。しかし、「馬揃え」のときに立派にしないと、地位が落とされるのであった。

しかし、この改革にもかかわらず、ムガル軍の状態は改善されなかったのである。給料も現実には一二か月分を支給するものと、六か月分を支給するものと、四か月分を支給するものがあった。皇帝の名において給料不払いが行なわれたのである。将校・兵士が軍事費を私消・着服するのは当然のことであった。

❖カロリー制度

同じ時期に、徴税官僚体系の大改革が行なわれた。これは、カロリー制度と呼ばれるものである。全国を一カロリー（一クロールは一〇〇〇万、単位はダームであるから二五万ルピー）の徴税額ごとの区画に分け、一区画ごとにカロリーという徴税官をおいて、生産の増進・徴税の増大に当たらしめたのである。そして、郡（パルガナ）ごとに土地の測量が行なわれることになり、首都の近くでは実際にはじめられた。従来の綱ではかるのでは不正確だというので、竹の竿が導入された。こうして、現在の日本の国税庁の仕事のようにシステマティックな収奪の方法が広く実行されることになったのである。ベンガル、ビハール、グジャラートの三州は実施が見合わせられた。全国で一八二人のカロリーが任命され、計画の上では整然たる徴税行政が行なわれるべきはずになっていた。

だが、ブダウニーの記述はきびしい結果を示している。

一つのクロールはアダムプル、もう一つはシェトプル、もう一つはアユブプル、等々といったぐあいに、預言者たちの名に従って名づけられた。官吏が任命されたが、彼らはきめられた規則どおりには事を行なわなかった。カロリーの貪欲のためにたくさんの土地が荒れたままになっていた。農民の妻や子どもは売られ、国外にばらばらになった。そして万事が混乱状態におちいった。

しかるに、カロリーはラージャ＝トダル＝マルに対して応える必要があり、多くの善良な役人は苛酷な鞭打、桎梏《しっこく》、釘抜の苦刑のために死んだ。徴税官にして、拘禁の結果、獄中で死亡したものの数はおびただしく、ために死刑執行人の必要なく、だれ一人としてこれらのものに墓や屍衣を与えるものもなかった。

彼らのありさまは、カームループ（アッサム）の信心深いヒンドゥー教徒の状態に似ていた。それらの者たちは、偶像に自分の身を捧げて、一年のあいだ手に入れうるすべてのものを享楽してぜいたくの限りをつくし、その時期が終わると一人ずつ偶像の寺院に行って集まり、自分の身を山車《だし》の車輪の下に投げ、頭を偶像に奉るのであった。

このような次第であるから、カロリーの制度も失敗に終わったのである。アクバル帝の晩年の歴史記述にはカロリーの名は出てこない。また、ジャーギールの廃止も徹底して行なうことはできなかったようであり、アクバル帝の晩年の歴史記述にはジャーギールの授与が当然のこととして書きあらわされている。

要するに、アクバルが上からの専制的官僚体制をつくろうとした試みは、ことごとく失敗したのである。ムガル王朝は、結局、清朝のような官人体制をつくりえなかったのであった。そして、アクバル以後、野心的な国家改造計画は行なわれず、ムガル帝国は混乱状態のまま、アウラングゼーブ帝死後の分裂を迎えるのである。

カロリー制度は施行後間もなく廃止されたものと考えられる。そして、これに代わる徴税組織はおそらく、『アーイーニ-アクバリー』の徴税に関する記述にあらわれているように、州長官シパーサーラールを経て行なうものであったろう。つまり、行政組織を利用しての徴税組織であったろう。そしてその組織の概成は第二四年（一五七九―八〇）ごろであったろう。

❖ダーウードの敗死

このような改革が行なわれているあいだにも、東方での征服戦争はつづいていた。ダーウードはなお抵抗をつづけていた。ムニム=カーンは軍を率いて七五年にガウルに移ったが、その地で悪疫が流行し、ムニム＝カーンも感染して死んでしまった。残ったムガル軍将校たちは、悪疫のはびこるベンガルにいるのをいやがり、ビハールまで退却してきた。こうしてベンガルはダーウードにふたたび回復された。

ムニム＝カーンが死んだあと、アクバルはパンジャーブの知事カーン＝ジャハーンを東方の総督として派遣することにした。カーン＝ジャハーンは、ラージャ＝トダル＝マルの協力を得て、撤退中のムガル軍を停止させ、東方に向かってふたたび進撃させることに成功した。カーン＝ジャハーンはラージ－マハールに進み、また、ムザッファル＝カーンはビハールの軍を率いて援軍としてカーン＝ジャハーンのもとに来た。そして、雨期ではあったが一五七六年七月、ムガル遠征軍とダーウード軍との決戦が行なわれ、カーン＝ジャハーン、ムザッファル＝カーン、ラージャ＝トダル＝マルの善戦によって、ムガル軍は勝利し、ダーウードを捕えて殺し、首をアクバルのもとに送った。こうして二三六年間にわたってつづいたベンガルの独立王国は終わった。

❖ラーナーの抵抗

このころのアクバルを悩ませたもう一つのできごとに、ラーナー＝プラタープ＝シングの抵抗があった。チトールの要塞を失ったラーナー＝ウダイ＝シングの子である。父の死のあと、一五七二年、ラーナー家を継いだ。『ラージャスターン年代記』の作者トッド大佐はプラタープ＝シングの勇気ある抵抗を賛辞をもってたたえている。

単独、もって彼は二五年にわたってアクバル軍の連合軍に抗した。あるときは平野を破壊にみちびき、あるときは岩山から岩山へと遁走《とんそう》し、その郷里の丘の果実をもって家族を養い、そしてその乳飲児アマルを野獣と、これに変わらぬ人間のあいだで育てたが、これが彼の武勇と復讐にかなった後継者となった。

プラタープ＝シングの父祖の居城チトールはムガル軍の手中にあった。近隣のラージプート諸君長は、マルワル、アンベル、ビーカネール、ブンディーなど、いずれもアクバルの後宮に女を入れ、アクバルと軍事同盟を結んでいた。しかし、ラーナー＝プラタープ＝シングは誇り高くも、そのような手段を取ろうとは思わなかった。そして、部下の指揮官たちはプラタープに対する忠誠を守りつづけた。ジャイプル（アンベル）のラージャ＝マーン＝シングがラーナー＝プラタープ＝シングと会見したことがあった。そのとき、プラタープ＝シングは自らマーン＝シングを出迎えることなく、また共に食事をすることもしなかった。このことからマーン＝シングは非常な怒りを持った。

ラージャスターンにひそむプラタープ＝シングの動きは次々と宮廷に伝えられ、アクバルはこの無鉄砲な誇りに驚き、一五七六年にプラタープ＝シングをこらしめる軍隊を派遣することになった。

アクバルが派遣した討伐軍は、ラージャ＝マーン＝シングの指揮のもと、メワールの東部、マンダルガルに集まった。作戦目標は、一〇〇マイル南方のアラーヴァリー山脈の南部にあるゴグンダの要塞であった。これを防ぐため、ラーナーは三〇〇〇騎の軍を途中のハルディガットの峠に配置した。非常な激戦が展開され、メワール軍はよく突撃をくりかえしたが、結局数の差には勝てず、わずかの兵だけが戦場を脱出することができたという。この会戦には歴史家ブダウニーも参加し、興味深い記録を残している。

ラーナー＝プラタープ＝シングは、この戦闘で敗れ、負傷を受けた後、山岳地域へと逃げのびた。だが勝ったムガル軍は損害と疲労のために追撃をすることができなかった。アクバルは追撃の不足を聞き、しばらくのあいだ、指揮官のラージャ＝マーン＝シングに対して不興であった。

ラーナー＝プラタープ＝シングはチャオンドといわれる奥地にまで退却した。そして、ラーナーの要塞は一つ一つムガル軍によって攻め落とされていった。後にプラタープは力をもりかえして、チトール、アジメール、マンダルガルの要塞以外のメワール全土を回復する。それはアクバルがパンジャーブに移動して一三年間もそこへ釘づけにされたため、ラージャスターンのことをかえりみる余裕がなかったためである。晩年のプラタープ＝シングの生活は比較的平和であった。プラタープは一五九七年に死ぬが、その後継者アマル＝シングもムガルに対する抵抗をつづけた。

❖若干の改革

一五七六年、アクバルは南部ラージャスターンにまで兵を進めた。ラーナーをつかまえることはできなかったが、アブー山、イーダルを占領し、マールワーに軍を進め、一部隊は当時の帝国の南境カーンデーシュまで行った。この軍事的示威行動のあと、アクバルはファテープル＝シークリーに帰還した。

ベンガルからラージャ＝トダル＝マルが帰って来たので、アクバルは彼をグジャラートの総督に任じ、治めにくいこの地の統御にあたらせた。

ラージャ＝トダル＝マルがグジャラートでの役目を終わって帰還するまでのあいだ、財務大臣ヴィジールの要職は、シャー＝マンスールに与えられた。シャー＝マンスールは低い書記の位置から身を起こし、有能さによって高い地位についたのであった。だが、ラージャ＝トダル＝マルはシャー＝マンスールが嫌いであった。

一五七七年一〇月、アクバルは、ラージャ＝トダル＝マル、カージャー＝シャー＝マンスールとはかって、造幣局の改革にのりだした。それまで、帝国各地の造幣所はばらばらで、それぞ

アクバルの貨幣

れヒンドゥー教徒のチャウドリ（長）の指揮下にあったが、こののち造幣局長を首府におくことになった。カージャー＝アブドゥル＝サマッドが新造幣局長に任命された。アクバルおよびそれ以後の金・銀貨は、純度においても、重量が完全である点においても、芸術的できばえにおいても、立派なものであった。そして、それは同時代のエリザベス女王やヨーロッパ大陸の金・銀貨よりもはるかにすぐれていた。

❖ベヘーラの感動

さて、アクバルの一生で、このころまで、政治史の常識が追いかけていける。北インドの弱小な権力からはじまって強大な帝国を築き帝権を高めるまでのアクバルの歩みは、容易に理解されうるものである。しかし、一五七八年ごろからあとのアクバルとなると、専制君主の恣意《しい》的行動があらわれてきて、政治史にあらわれる力関係などからでは理解できないものになってくるのである。晩年の豊臣秀吉が野望を際限もなくのばし、恣意的行動を取ったように、アクバルも一定の時からあと、政治と無関係に行動をするようになる。その最初のものがベヘーラの感動である。

一五七八年五月はじめ、アクバルはパンジャーブのベヘーラにあり、狩りをしようとしていたが、とつぜん異常な状態におちいった。ブダウニーはそのとき王に「非常な変化があらわれ」と記している。そして、とつぜん、現世のことに興味を失い、狩りの中止を命じ、近在の貧者や行者にお布施《ふせ》を与えた。彼はファテープル＝シークリーの貯水池アヌープタラーオを金・銀貨でいっぱいにするように命じた。その金額はおよそ一〇〇〇万ルピーと考えられたがこれを首都の人びとに分配せしめたのであった。国家財政を左右するほどの金額がわけもわからず支出されてしまったのである。このようなできごとが、ベヘーラの感動の経過である。アクバルは神秘主義の側にいたようである。

そうしているあいだにも、イバーダット＝カーナーにおける議論はつづいていた。イスラーム学者は二派に分かれて論争したが、アクバルは二派ともまちがっていると思うようになった。アクバルは、ゾロアスター教やジャイナ教の影響を受け、若いころのまじめなムスリムであった時期とはちがった考え方をするようになっていった。

アクバルは宗教問題に積極的にかかわるようになっていった。一五八三年には、囚人を釈放し、篭の鳥を放し、ある一定の日における動物の屠殺を禁ずる命令が出された。

また、キリスト教への接触もアクバルに影響を及ぼした。

❖ジェスイット宣教師とアクバル

一五七八年ごろ、アクバルがゴアに使節として出したハジー＝ハビブラーが首都に帰還した。持って帰ったおみやげのなかでオルガンとポルトガル人の衣服がアクバルの興味を引いた。

一五七八年アクバルはゴアに使者を送り、キリスト教の学者を派遣するよう要請した。

ゴアの当局はアクバルのこの手紙を受けて非常に喜んだ。長年にわたり、ゴアはインドにキリスト教を導入しようと心がけて失敗に終わっていたのだが、急にアクバルのほうから門を開いてきたのであった。三人の神父が選ばれた。団長のリドルフォ＝アクァヴィヴァ、アントニオ＝モンセラーテ、フランチェスコ＝エンリケスであった。エンリケスはムスリムからの改宗者であったから通訳の仕事もできた。モンセラーテは、このたびの旅行に関して『モンゴリカエ－レガチオニス－コンメンタリウス』（モンゴル使節記）を書き、これが貴重な史料となっている。

ポルトガルの使節団は一五七九年一月、船でゴアを出発し、ダマーンに上陸し、スラト、ウジャイン、グヮリオールをへて、八〇年二月にファテープル-シークリーに到着した。アクバルはこの客を熱心に迎えた。到着当日は朝の二時まで話しこんだ。アクバルはポルトガル風の衣服をつけ、莫大な金額を使節団に贈ろうとしたが、使節団は必要な生活費以外は受け取ることを拒絶した。アクバルはバイブルを受け取ったとき、ターバンを取り、一ページごとに額を紙につけて敬意を表したという。またアクバルは宮廷画家に命じてキリストとマリヤの絵を模写させた。そして、しばしば使節団と会って話をし、次男ムラード王子をモンセラーテに託して、ポルトガル語とキリスト教を学ばせた。

首都で神父たちは、イスラームの強い雰囲気と戦った。アクバルの保護がなければ神父たちの生命はあぶなかったであろう。アクヮヴィヴァはゴアあての手紙で次のように書いている。「われわれの耳に聞こえてくるものは憎たらしいムハンマド（マホメット）の名前ばかりです。一言でいうと、ムハンマドはここではすべてなのです」。

この使節団はのちに分解する。モンセラーテは八二年にゴアに帰り、アクヮヴィヴァは八三年にゴアに帰った。結局、この使節団はアクバルを改宗させることはできず、失敗に終わったのだった。

❖ 無欠の勅令

アクバルは、自身の宗教上の権威確立へと進んでいく。一五七九年六月、アクバルは首都ファテープル＝シークリーのモスクで自ら説教壇に立ち自らの声で祈禱文を読みあげた。この祈禱文の終わりの「アッラー＝アクバル」は、「神は偉大なり」とも「アクバルは神なり」とも解しうるものであった。

さらに、七九年九月、「無欠の勅令」が発せられた。これはマクドゥーム＝ウル＝ムルクら中央の宗教関係の人物が皇帝にへつらって署名し、宣布した文書である。

ヒンドゥスタンは今や安泰と平和の中心、正義と恩恵の国土となったので、たくさんの人びと、とくに学者や法律家たちが移住してきて、この国を彼らの住居と選んだ。法の各領域や各原理に精通し、理論・伝承による告戒に深く通じているだけでなく、憐れみとまじめな意志をもっても広く知られているわれら主要な聖職者たちは、次のことがらについてその深い意味を十分に考察した。

第一にコーラン（クルアーン）の詩句、「神に従え、預言者に従え、かつ汝らのうち権威あるものに従え」

第二に正しき伝承の「まことに、審判の日に神にもっとも愛さるるものは正しき信仰者なり、だれにてもあれアミールに従うはわれに従うなり、アミールに反するはわれに反するなり」

および第三にその他の理論および伝承による数々の証拠。

われらは正しきスルターンの位置は神の眼においては説教者の位置よりも高しということに一致した。

さらにわれらは宣言する。イスラームの王、信仰あつきもののアミール、現世における神の影像であるアブドゥル＝ファトフ＝ジャラール＝ウッ＝ディーン＝ムハンマド＝アクバル常勝皇帝――神よ、その王国を永《とこし》えならしめよ――はもっとも正しく、もっとも賢く、もっとも神を怖れる王者であることを。されば、将来宗教上の問題が起こった場合には……」

要するに、宗教上の論争は皇帝が最終的に解決し、その命令は絶対であることを強調したものである。そして、すくなくとも、ブダウニーの交際範囲内では、皇帝の意志に対する反対は不可能という。

こうしてアクバルが宗教いじりをしているあいだに、ベンガル、ビハール方面で情勢が悪化しつつあった。

❖ベンガル、ビハール軍の不満

ベンガル、ビハール軍の総督にはムザッファル＝カーンがあてられていたが、そのディーワーン（財務長官）、バクシー（軍監）、サードル（宗教監督官）にはアクバルの腹心が任ぜられ、事実上ムザッファル＝カーンは身動きのできない状態であった。当時中央政府の財政関係はカージャー＝シャー＝マンスールが握っていたが、中央からは、軍馬烙印規則の実施、ジャーギールの土地を調査することによる王室直轄領の増大などを要求してきた。そして、これらの改革はベンガル、ビハール軍の将校たちには快く思われてはいなかった。そして検査官は賄賂を取って将校たちに憎まれた。アクバルは、地方勤務手当としてベンガル軍の給与を一〇〇パーセント、ビハール軍の給与を五〇パーセント増額して支給するように指示したが、ディーワーンのシャー＝マンスールは、財政困難を理由に五〇パーセントおよび二〇パーセントに切り下げてしまった。そして、これまで支払われた超過分まで返納させることにしたのであった。そこにもってきて、アクバルがイスラームから離れていく傾向を示していた。こうして、ベンガル、ビハール軍の将校たちは、信心深いムスリムであるアフガニスタンのカーブルにいる王弟ムハンマド＝ハーキムに希望を託すようになった。一五八〇年のはじめ、ジャウンプルのカージ（市政長官）が不信の皇帝に対する反乱は正しいと述べて反乱に火をつけたのであった。

❖反乱のはじまり

反乱軍の首領は、ワジール＝ジャミール、バーバー＝カーン＝カークシャルらで、後にマスーム＝カーン＝カーブリーも参加した。ベンガル、ビハールにいた皇帝軍は統一がとれず、初期に有効な打撃を反徒に与えることができなかった。知事であるムザッファル＝カーンは、側近として任命された督戦将校を快く思わず、司令部の統一はなかった。一五八〇年二月、アクバルは反乱の起こったことを知り、ただちにラージャ＝トダル＝マルその他をベンガルに派遣して鎮圧に当たらせた。そして知事を叱責する書簡を発して反徒の心をなだめようとした。しかし、その効果はなかった。

反乱軍は勢力を増していき、ターンダに退いたムザッファル=カーンは敗れて捕えられ、「あらゆる種類の責苦のあと」殺された。

皇帝軍の装備および金庫が反徒の手中にはいった。しかし、アクバルは自ら東に遠征することはしなかった。彼は真の危険は西北にあると考えていたのである。この予想はやがてムハンマド=ハーキムのパンジャーブへの侵入によって的中した。

ラージャ=トダル=マルも、モンギールに囲まれて進退きわまっていた。後に反乱軍が徐々に分裂していったので、トダル=マルは危機を脱することができたのである。

アクバルは乳兄弟のミールザー=アジズ=コカを起用し、これをベンガル総督に任じ、五〇〇〇のマンサーブとカーニ-アザムの称号を与え、東方鎮圧に出発させた。シャーバーズ=カーンが督戦将校として彼につけられた。

また、反徒の心をなだめるため、シャー=マンスールを財務長官ディーワーンの職から一時降ろした。

東方鎮圧軍は一五八一年ジャウンプルの近くで反乱軍の一部を撃破した。そして一五八四年までのあいだに、ベンガルとビハールの反徒を平定するのに成功した。オリッサの平定にはもう少し時間がかかった。

❖シャー＝マンスールの改革

一五七九年から八〇年にかけて、シャー＝マンスールが中心になって、もう一度行政の改革が行なわれた。改革の一つは「十年徴税法」と呼ばれるものであった。従来のように毎年収穫をしらべ徴税額を計算するのではわずらわしいので、第一五年から第二四年までの徴税額を平均し、今後この平均額を農民に課するというものである。

もう一つの改革は、地方に州制度を実施することにした点である。帝国の国土は一二の州スーバに分けられ、州ごとに統治機構の整備が行なわれた。設置された州は、アラーハーバード、アーグラ、オウド、アジメール、アフメダーバード（グジャラート）、ビハール、ベンガル、デリー、カーブル、ラホール（パンジャーブ）、ムルタン、マールワーであった。後に征服戦争が進むにつれて、カシュミールはラホールに、シンドはムルタンに、オリッサはベンガルに含まれることになった。また、デカン征服戦争の結果、ベラール、カーンデーシュ、アフマドナガルの三州が増加した。

州行政の中心となる官吏は次のようなものであった。シパーサーラール（後にスーバダールと呼ばれるようになる、州総督）、ディーワーン（財務長官）、バクシー（軍監）、ミール＝アドル（法官）、サードル（宗教上の免許地授与者）、コトワール（警察）、ミール＝バフル（海上保安官）、ワキアー＝ナウィース（記録係）。

これらの変革はシャー＝マンスールによって行なわれたものである。

❖ムハンマド＝ハーキムの侵入

さて、こうした改革が行なわれているあいだにも、東方および西北方における危機は進行していた。悪いことには、アクバルの宮廷から反乱軍に内応する者もあらわれた。シャー＝マンスールもこの事件に関係して捕えられた。シャー＝マンスールがムハンマド＝ハーキムと文書連絡をしていたというのである。このことが事実か否かは、史料上はっきりしていない。ヴィンセント＝スミスは『ムガル大帝アクバル』のなかでシャー＝マンスールを反徒と認めているが、史料の上では十分ではない。

一五八一年一月、カーブルの王弟、ミールザー＝ムハンマド＝ハーキムが一万五〇〇〇騎を率いてパンジャーブに侵入して来た。ムハンマド＝ハーキムはラホールの城門の前にキャンプを張ったが、ラホールの総督マーン＝シングはアクバルへの忠誠を守った。ムハンマド＝ハーキムは重臣ファリドゥーンの忠告に従っていたのであり、ファリドゥーンは、ムハンマド＝ハーキムの行くところ、インドの諸将はハーキムのもとに来たり参ずるであろうとの誤った観測をいだいていたのであった。この見通しはちがっていたので、ムハンマド＝ハーキムはただちに兵を返してアフガニスタンにもどった。

遠征と拡大

❖パンジャーブ進出

アクバルは、ムハンマド＝ハーキムの出撃を聞くと、自身出陣してこれと対決する決心を固めた。五万の騎兵と五〇〇〇の象を動員し、兵士には国庫から八か月分の給与を前払いし、八一年二月、北に向かって進撃をはじめた。軍はデリーを通って北進し、パンジャーブに至った。パンジャーブのシャーハーバードで、シャー＝マンスールがまたも手紙をムハンマド＝ハーキムと往復していることがばれ、シャー＝マンスールは絞殺されたという。この問題に関してシャー＝マンスールを悪く書いているのはポルトガルの宣教師アントニオ＝モンセラーテであり、バダオニーおよびニザーム＝ウッ＝ディーンは、手紙はシャー＝マンスールをおとしいれるための反対派の策略であった、といっている。真相は、結局わからないのである。

アクバルの軍は、アンベル、シルヒンドを経てさらに進み、シルヒンドの次の宿場で、ムハンマド＝ハーキム軍の撤退のことを知った。しかし、アクバルは追撃をつづけた。ストレジ川、ビアス川を船橋によって渡り、ラビー川も同様に渡った。チナーブ川では船が少ないため、全軍が渡りきるのに三日を要した。インダス川は増水していたので、アクバル軍は岸辺で五〇日間滞在していた。七月、アクバルはインダス川を渡り、ムラード王子の軍を前衛としてカーブルに向かって進んだ。

ムハンマド＝ハーキムは、カーブルを捨てて山岳中に逃げこんだ。アクバルは抵抗を受けることなくカーブルにはいった。ムハンマド＝ハーキムは山のなかから出てこなかったので、アクバルは妹を呼びだして、自分はムハンマド＝ハーキムと事を処するのはいやだ、彼の名前など聞きたくない、この州をおまえに与える、ムハンマド＝ハーキムがカーブルに居住しようとしまいと勝手だが、今後ふたたび反乱した場合にはこのようなおだやかなことではおさまらないぞ、と言って聞かせて、妹を通じて王弟ムハンマド＝ハーキムにカーブルを返してやった。こうして、アクバルは一五八一年一二月に北インドに帰還した。

❖神聖宗教

この征戦の帰途、アクバルは、サードルの職務についての内政改革を行なった。当時アクバルはイスラームの道からますます離れつつあり、イスラームの高徳者・学者に自由に永代免税地を与えるサードルの存在はアクバルにとって邪魔に見えたものであろう。この永代免税地は、トルコ語でサユールガル、ペルシャ語でマダーディーマーシと呼ばれ、授与の権はサードルの手中にあった。アクバルはこの中央のサードルを廃止して全国を六つの地域に分け、そのおのおのにサードルを任命したのであった。六つの地域とは次のようなものである。⑴デリー、マールワー、グジャラート、⑵アーグラ、カールピー、カーランジャル、⑶ハージプル、⑷ビハール、⑸ベンガル、⑹パンジャーブ。

アクバルの野心はますます大きくなっていった。そして、アクバルは宗教界をも自分の管制下におこうとするに至った。

一五八二年、アクバルはファテープル-シークリーに大会を開いた。大会には首都の近くの学者や高級指揮官が招かれた。その席でアクバルは話をした。

帝国の一人の首長のもとに統一されたのに、国民がお互いにわけへだたったままでいるのはよろしくない。ムガル帝国のなかにいろいろの宗教があり、互いに争っているのは適当でない。だから、すべての宗教を一つにまとめるのがよい。どの宗教のよい点をも継承する必要がある。そうすることによって神をたたえ、人びとには平和がもたらされよう。

これに対して皇帝のみを崇拝する習慣の将軍たちは賛成のむね答え、全帝国にわたって神、祭式、犠牲の規礼の規則などを一つにすることになった。アクバルはこの新宗教の教義に関して自ら十分準備ができていなかった。そこでラージャ＝バーグワン＝ダースの質問にうまく答えられなかった。しかし、アクバルはシャイク＝ムバーラクを伝道旅行に出発させた。

この新宗教は地上においてのみならず、精神界においてもアクバルが至上であることを特色とした。その教義は、ヒンドゥー教、イスラーム、ジャイナ教、ゾロアスター教、キリスト教をこねまぜたようなものであった。イスラームではアッラーに対してのみ行なわれる平身の礼をアクバル帝に対して行なわなければならなかった。そして、皇帝に対して喜んで財産、生命、名誉、従前の信仰を捨てることが要求された。信徒となった者は、従来の信仰を捨てなければならず、信徒相互間のあいさつは、「アッラー-アクバル」（神は大なり、またはアクバルは神なり）「ジャラ-ジャラールフ」（陛下に光栄あれ）であった。牛の屠殺《とさつ》は禁じられた。太陽を礼拝し、火を敬うことが要求された。モスクの建設・修理、ムハンマドの名、コーランによる祈り、ラマダーンの断食、メッカ巡礼などは禁じられた。これがアクバルの神聖宗教ディーニ-イラーヒーと呼ばれるものである。史家アブル＝ファズルは、この新宗教の信徒となった者一八人の名前を挙げているが、帰依者はおそらく三〇〇〇人に及ばなかったであろう。ディーニ-イラーヒーはアクバルの失敗した宗教いじりであった。

❖西北の経営

一五八五年七月、カーブルの王弟ムハンマド＝ハーキムは飲酒の結果、三一歳で死に、あとに幼児を残した。これまでも、たてまえとして、カーブルは帝国の一部であったので、ハーキムの死の結果、カーブルは自然とアクバルの官吏の管轄のもとにはいった。アクバルは、ムハンマド＝ハーキムの死の報告を聞くとすぐにマーン＝シングに兵力をつけてカーブルに向かわせた。

アクバル自身は、この機会に帝国の西北の方面を安全にしようとし、秋に大軍を率いてファテープル-シークリーを出発し、パンジャーブにおもむいた。パンジャーブを拠点としてアクバルは部族民ユースフザイの鎮定とカシュミール統治の完成に力を注いだ。

❖カシュミール併合

カシュミールのスルターン、ユースフ＝カーンは名目上アクバルに服従していたが、自身アクバルのもとに来て臣下の礼をとることをしなかったので、アクバルは強く不満であった。アクバルはカシュミールのスルターンのこのような煮え切らないやり方をやめさせることにした。カーシム＝カーン、ラージャ＝バーグワン＝ダースが起用され、カシュミールに侵入した。カシュミールのスルターン、ユースフ＝カーンは要害の地を堅めて守ったので、ムガル軍の諸将は、ゆるやかな条件でユースフ＝カーンと和議を結んだ。和議の内容は、祈りのなかにアクバルの名を入れること、アクバルの名の貨幣を発行することなど、形式的なものだった。アクバルはこの和議に不満足だったので、スルターン＝ユースフ＝カーンおよびその子ヤクブ＝カーンが拝礼をしに来たとき、これを捕え、またもムハンマド＝カーシム＝カーンを指揮官としてカシュミールを攻めさせた。州都シュリナガルは陥落し、ムガルはカシュミールを確実に把握することになった。スルターン＝ユースフ＝カーンの子ヤクブ＝カーンはビハールに移され、獄に入れられた。

❖ ユースフザイ平定戦

西北辺境地区のユースフザイ鎮定はスムースにはいかなかった。はじめ、アクバルはこの勇敢な山岳部族に対してザイン＝カーンの軍を派遣したが、ザイン＝カーンから援兵の要請がきたので、ラージャ＝ビールバルおよびハキーム＝アブール＝ファトゥに軍を率いて追及せしめた。アクバルのこの人選は失敗であった。ビールバルも、ハーキム＝アブール＝ファトゥも軍事についてはまったくの素人であった。ビールバルはアクバル宮廷の道化師として皇帝に愛されているにすぎなかった。三人の将軍は会合したが意見が合わず、ビールバルとハキーム＝アブー

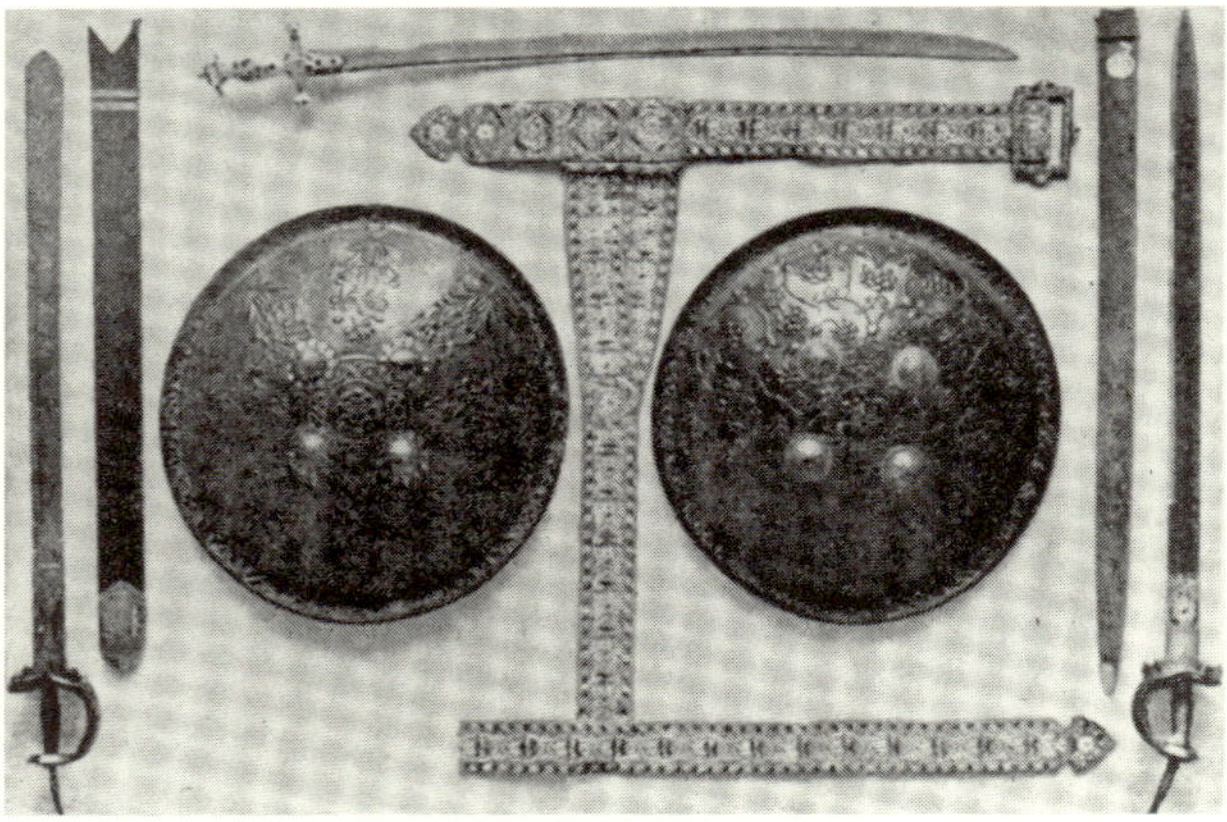

ムガル王朝の武器

ル＝ファトゥの二将は、危険だとわかっている道を通ってアクバルのもとに引き返すことを主張して決定した。部族民たちはその峠でムガル軍に攻撃をしかけ、ムガル軍は八〇〇〇人を失い、ラージャ＝ビールバルは殺され、さんざんの損害を受けた。そのあと、ラージャ＝トダル＝マル、マーン＝シングが部族民地域に侵攻して相当の戦果をあげたが、結局部族民を決定的に服従させることはできなかった。アクバルは一五八九年五月、カシュミールのシュリナガルにはいり、この地の風光を見た。そのあと、アクバルはアフガニスタンにはいり、パンジャーブに帰った。アクバルはさらに、ムルタンの南、シンドの征服をつづけた。バイラーム＝カーンの子アブドゥルラヒームにカーン－カーナーン（カーン中のカーン）の称号を与えてムルタンのスーバダール（州知事）とし、シンドの征服を行なわせた。一五九一年、シンドはムガル帝国のものとなった。

❖デカンへの進出

　こうして北インドを完全に征服したあとのアクバルには、中央アジアに進むか、デカンの征服にとりかかるか、二つの野心の前途があった。中央アジアのウズベック族は強大だった。それに反してデカン半島のイスラーム諸国家は分裂しお互いのあいだの抗争を事としていた。だからデカンのほうがアクバルの勢力を伸ばすのに有利な条件をそなえていた。

　一五九一年、アクバルはデカンのイスラーム王国、カーンデーシュ、アフマドナガル、ビージャープル、ゴルコンダにそれぞれ使節を派遣した。デカン西岸には北からカーンデーシュ、アフマドナガル、ビージャープルがあり、デカン東南にゴルコンダがあった。このうち、カーンデーシュのラージャ＝アリー＝カーンは、アクバルの宗主権を認めたが、アフマドナガル王からの返礼は、わずかに一五頭の象、いくばくかの織物、および宝石若干にすぎなかった。アクバルは、これによって、アフマドナガル王が自立自存の意志を持っているものと判断し、カーン＝カーナーン＝アブドゥルラヒームに七万騎を与えて遠征に出発させた。グジャラートの総督ムラード王子もこの遠征を側面から援護することになっていた。

❖アフマドナガル攻撃

両将軍の部隊はアフマドナガルの町の近くで合し、アフマドナガル城の包囲をはじめた。当時、アフマドナガルには勇敢な女指導者チャンド=ビービーがおり、摂政として防戦につとめた。南方のビージャープル、ゴルコンダの王も援軍を派遣し、カーンデーシュの王もひそかにアフマドナガルを応援し、チャンド=ビービーの英雄的な防戦もあって、包囲は長期にわたり、結局、ムガル軍はゆるやかな条件で一五九六年アフマドナガルと和平を結んだ。条件は幼児バハードゥールをアフマドナガル王と認め、ムガル皇帝の宗主権を認め、宝石・象などを貢物としてムガルに渡し、さらにベラール州をムガルに引き渡すことであった。

しかし、やがてアフマドナガル宮廷内の陰謀のためにチャンド=ビービーの勢力は弱くなった。

和平の期間は短かった。ベラールの境界をめぐっての論議から、ムガル軍とアフマドガナル軍はふたたび衝突するに至り、一五九七年二月、カーン=カーナーンは、アフマドナガルの将スハイル=カーンとスーパの近くで激戦を交えた。ムガル軍が戦場に残ったが、ムガル側の損害も大きく、アフマドナガル軍を追撃することができなかった。

❖南方遠征

いっぽう、北インドでアクバルはもう一三年にわたってパンジャーブにとどまっていた。アクバルの目は、中央アジアのアブドゥルラー＝カーン＝ウズベックの動静に注がれていた。アブドルラー＝カーン＝ウズベックはボカラ、バダクシャーン、ヘラト、マシャッドを占領しており、アクバルの父祖の地を抑えているばかりか、西北からインドに侵入する恐れもあったのである。だが、一五九八年にアブドルラー＝カーンの死のしらせを聞いてアクバルは西北の危険から解放された。アクバルは南方遠征に自ら出ることにきめ、九八年の暮にラホールを出発し、途中でアーグラにしばらくとどまり、アーグラの治安をサリーム王子にまかせたあと、一五九九年七月、ふたたび南方への進軍を開始した。同じ年ムラード王子は飲み過ぎのために死んだ。一六〇〇年のはじめ、アクバルはブルハンプルを占領し、第三王子ダーニヤールおよびカーン＝カーナーンをしてアフマドナガル要塞を攻撃せしめた。チャンド＝ビービーは死に、およそ一五〇〇名の守兵が殺された。幼王は捕えられてグワリオール要塞に送られた。しかし、アフマドナガルの大部分は、なお、ムルタザーを王としてムガルから独立していた。

カーンデーシュでは、ラージャ＝アリー＝カーンの後継者は、ムガルの下に立つことを快しとせず、アシールガルの要塞にこもって、アクバルに抵抗をはじめた。

アシールガルの要塞は北インドとデカンを結ぶ道路上に位置し、地表から三〇〇メートル切り立った岩山の上にある。山頂には水が出、池がある。そして難攻不落の要塞として知られている。山頂に集められた物資は、駐留部隊を一〇年間維持するに足るものであった。

ムガル軍によるアシールガル要塞の攻撃は一六〇〇年四月にはじまった。砲兵による突撃路開設もうまくいかず、地下道を掘って火薬で城壁を打ちくだく方法も効果なかった。一六〇〇年四月、アクバルは攻城を自ら指揮するために城壁の下に来た。アクバルは強襲では城を落とすことができないことを知って、欺瞞《ぎまん》の手段を取ることにした。そして、カーンデーシュのバハードゥール＝カーンを、身体の安全を保証するむね約束して城から呼び出し、約束を破って抑留してしまった。

しかし王を失ってもアシールガルの守将たちは降伏しようとしなかった。アクバルにとって苦しいことに、長子のサリーム王子はアラーハーバードに宮廷を構えてアクバルの権威に挑戦していた。アクバルはなんとしてでも早くこのアシールガルの要塞を陥落させなければならなかった。ついにアクバルは、守将の中枢部を賄賂で買収することに成功し、一六〇一年一月、アシールガルはムガルの手中にはいった。こうしてカーンデーシュは独立を失い、王子ダーニヤールの名にちなんでダーンデーシュと改名された。そのほかにベラールおよびアフマドナガルの州が形成された。

❖サリーム王子の不服従

アクバルはサリーム王子の勝手な行動をおさえる必要があった。アシールガル要塞占領の後、アクバルは急ぎ北へ出発し、一六〇一年五月アーグラに着いた。

このデカン征服戦争の最中にジェスイット教会の宣教師が二回アクバルを訪れている。一五九〇年、第二回目の宣教師がラホールに到着し、九二年ゴアに帰った。一五九四年には第三回目の宣教師がアクバルのもとに到着したが、結局アクバルを改宗させることはできなかった。

アクバルとサリーム王子

しかしジェスイットの神父たちは第一回のときほどは失望しなかったのである。

サリーム王子は王位継承者であったが勝手なことをするようになった。彼はアーグラにある父王の金庫を確保しようとしたが、アーグラの知事クリージ゠カーンはアクバルへの忠誠を守った。サリーム王子はアラーハーバードでビハール州の地税（三〇〇万リピー以上）を横取りし、いくつかの州を抑え、カールピーからハージープルに至る一帯を自分の勢力範囲とし、自分の気に入りの者に封地ジャーギールを与えはじめた。クトゥブ゠ウッ゠ディーン゠コカルターシュはビハールを与えられ、アラー゠ベッグはジャウンプルを受ける、といった具合であった。

アクバルがアシールガルからアーグラに帰還すると間もなく、サリーム王子が三万騎を率いてエタワーまで進撃して来ているという情報がアクバルに届いた。アクバルは叱責の手紙を送り、王子をベンガル、オリッサの総督に任じた。サリーム王子は東方の現地に行くことはしなかったが、アラーハーバードにもどった。そして、その地で王位を称し、自分の名のはいった貨幣を発行した。

アーグラとアラーハーバードのあいだでにらみ合いがはじまった。一六〇四年のはじめにダーニヤール王子は酒の飲み過ぎのために死に、王位継承者としてはサリーム王子およびその子のクスロー王子が残った。サリーム王子は周囲にすすめられてアクバルにまみえることにし、アラーハーバードからアーグラに来て父王に会見した。アクバルはたくさんの貴族の前で、おだやかにサリームを遇したが、サリームが平伏したとき、とつぜん腕をつかんで私室に導き入れ、顔に平手打ちを食わせた。そのあと、父王はサリームを療養を要する病人として浴室に閉じこめ、ラージャ＝サリヴァハンの監督下においた。一日間こうしてこらしめたあと、サリームの我《が》は折れ、西部諸州の総督の地位を与えられ、アーグラに住むことになった。

❖アクバルの死

一六〇四年九月、アクバルは下痢か赤痢と思われる病にかかり、日を追って病状は悪化し、最後にサリームに、王のターバンを着用しフマーユーンの剣を帯するように示した後、息を引きとった。それは一六〇五年一〇月二七日のことであった。

Ⅲ

アクバル宮廷の人びと

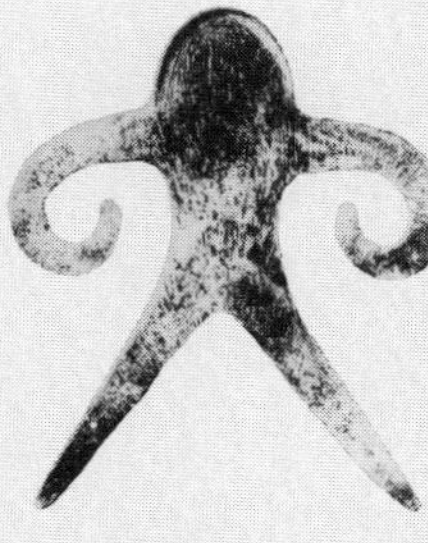

ラージャ＝トダル＝マル――能吏から武将へ――

❖能吏にして武将

ラージャ＝トダル＝マルはヒンドゥー教徒である。ラホールに生まれた。彼は、かなり初期からアクバルに仕えていた。彼の名は第八年のころからすでに伝えられているが、そのときにはムザッファル＝カーンのもとで中央改府官吏として仕事をしている。

彼が重要な役割をになうのはグジャラート征戦以後で、第一次グジャラート征戦ではスラト要塞偵察に派遣され、ついで東方遠征軍の作戦準備のためムニム＝カーンのもとへ視察に行き、つぎにアクバル帝第一八年の第二次グジャラート征戦のあと、皇帝に選ばれて新征服地に残され、グジャラートの土地の徴税法を改革することになった。ここで彼は、農地を測量して収穫を計算し、収穫高の三分の一を税として徴集する方法をグジャラートに適用したものと考えられる。しかし、トダル＝マルがグジャラートにいた期間は半年ほどのあいだであるから、行政が具体的にどのように進行したかは問題である。

この仕事でラージャ＝トダル＝マルはアクバルの信頼を得たものであろう。グジャラートから帰ると彼は、ムザッファル＝カーンとともに皇帝の相談相手として宮廷で行政改革案の諮問に応じている。『アクバル-ナーマー』によれば、トダル＝マルは次のように言って皇帝を元気づけた、という。「陛下の心に浮かんだものはよき考えであり、これが人びとに気づかれなかったのはみんな理解力がたりないからだ」と。

同じ第一九年にムニム＝カーンの東方遠征軍にトダル＝マルは目付の意味で副将として参加した。「報酬なき奉仕や給与なき尽力を損失と考えて速やかな報償を欲する柔弱な連中や商人根性の者どもをふるいたたせるため（『アクバル-ナーマー』）」であった。ベンガル遠征軍はトダル＝マルによって、「陛下の不在をも臨御《りんぎょ》とみなして」（『アクバル-ナーマー』）、奮戦することが期待された。史料には、「ラージャ＝トダル＝マルが来たり、……軍隊の情況につき報告した」などといった記述があらわれてきて、このころのトダル＝マルの大活躍を示している。

東方遠征軍では、ラージャ＝トダル＝マルが軍の実質上の中心となった。ムガル軍に対して抵抗をつづけるベンガルの王ダーウードとの決戦で自軍が崩れかかったとき、奮戦して敗北を勝利に転じたのは彼であった。彼は「カーン＝アーラムが戦死しようと、大将軍ムニム＝カーンが逃げ出そうと、なんのことがあろうか、帝国はわれらがもの」と叫んだと伝えられる。

ベンガルとオリッサで財政上の基礎固めをしたあと、ラージャ＝トダル＝マルはアクバルの宮廷に帰還を命ぜられ、地税関係の仕事を扱うことになった。

東方でダーウードがまた力をもりかえしてきたとき、彼はカーン＝ジャハーンの東方遠征軍にまたも目付として加わり、雨期の作戦をいやがるカーン＝ジャハーンを督励してムガル軍を勝利にみちびいた。この時期、ラージャ＝トダル＝マルは皇帝側近の官僚として将軍たちを監視、督励する目付、サザーワルの役割を果たしていたのである。

アクバルの第一九年の行政改革案立案のときも、第二〇年の行政改革実施のときも、トダル＝マルはアクバルのそばにあって、改革に力をかしている。トダル＝マルは強圧的な徴税官制度、カロリー制度の創始にも関係していたようである。トダル＝マルは、皇帝を頂点とする官僚体制の建設のために働いたのであった。しかし、官僚体制の創出はアクバルのもとからの理念だったので、行政改革が失敗に帰しても、トダル＝マルは責任を問われることがなかった。

❖将軍の道

第二〇年以降、トダル＝マルは、官僚の道よりもむしろ将軍の道を歩くようになってくる。第二一年には、東方から戦利品の象三、四〇〇頭を連れてアクバル宮廷にもどっている。第二二年には彼はふたたびグジャラートに派遣される。この地で反乱が起こったとき、彼は退却論に反対して速戦即決を強調し、ムガル軍に勝利をもたらした。

同じ第二二年にトダル＝マルは中央政府の財務大臣ヴィジールに任ぜられた。このような皇帝のトダル＝マルに対する信頼に、ムスリムの将校たちは不平を訴えた。しかしアクバルは逆に次のように言うのだった。

「汝らのだれでもが個人的な事務を処理するために一人のヒンドゥーを持っているではないか。朕もまた一人のヒンドゥーを持っていたとてどうして悪かろうぞ」。

ベンガル‐ビハール駐屯軍の大反乱が起こり、ベンガル総督ムザッファル＝カーンが殺されたとの報告がファテープル‐シークリーのアクバルのもとに達すると、アクバルは、トダル＝マル、サーディク＝カーンなどをビハールに急行させた。この反乱鎮圧行動のはじめ、トダル＝マルは、三万騎、五〇〇頭の象を持つ反乱軍にモンギールで囲まれ、部下の将校からは反乱軍側に走る者も出て苦戦したが、頑張って陣地を守り通した。そのあげく、反軍は散乱していった。その後、トダル＝マルはビハールでの掃討戦に従事した。

第二七年にトダル＝マルは帝国の宰相（ヴァキール）に任じられた。この年、彼は一定の改革を税制に加えた。それまで税務関係の書類はヒンディー語で書かれていたのであるが、トダル＝マルはこれをペルシャ語で書かねばならないむねの命令を発したのである。この結果、ヒンドゥー教徒の下級官吏もペルシャ語を学ぶこととなり、また、ペルシャ語とヒンディー語のミックスした言葉ウルドゥー語が使われるようになってくるのである。

アクバル帝の彼に対する信頼は厚く、第二九年にはアクバルは彼の邸を訪問した。

西北辺境地域の部族民の鎮圧にアクバルが手こずったときには、ラージャ＝トダル＝マルはマーン＝シングとともに部族民の鎮圧に出動している。

❖死に至るまで勤務

第三四年に、アクバルがカシュミールに行ったおり、トダル＝マルはラホールの守将として残された。それから間もなく、トダル＝マルは、年もとり体も弱くなったのでガンガ川のほとりに行って死にたい旨皇帝に願い、許されて、ガンガ川に向かって出発した。しかしアクバルは、トダル＝マルがハルドワルに着いたときに帰って来るようにとの命令を出した。国務を遂行することはガンガ川のほとりで死ぬよりも重要なことだ、という理由からであった。トダル＝マルは仕方なく引き返したが、彼の健康は衰えており、第三四年、一五八九年一一月に死んだ。

トダル＝マルは、父を幼いときに失い、母は彼を育てるのに非常に苦労したと伝えられる。彼は少年のころから賢い子で、やがて書記としてアクバルに仕え、さらに皇帝側近の税務官僚、目付として手腕を振るい、ついには大将軍にまで至り、ヒンドゥー教徒でありながらアクバルに重く用いられたのであった。

カージャー=シャー=マンスール——一途な財務官——

❖財務官の才能

『アーイーニーアクバリー』はカージャー=シャー=マンスールを一〇〇〇騎のマンサブダールの項に入れている。シャー=マンスールも、アクバルの改革時代に頭角をあらわし、低い身分から高官の位置にまで達した人物である。彼は、はじめ、帝室のクシュブーカーナー、つまり香料を扱う部門の計算係であった。シャー=マンスールは、早くから一本気なところがあったらしい。財務関係の高官ムザッファル=カーンと仲たがいして、彼はジャウンプルに行き、その地でカーン=ザマーンの財務長官ディーワーンになった。その後、大将軍ムニム=カーンのディーワーンとなった。財務官は彼には適役だったようである。ムニム=カーンの死後、シャー=マンスールは中央政府に仕えるようになったらしく、しばらくトダル=マルといっしょに仕事をしている。アクバル帝第二〇年の行政改革に彼はタッチしていたと考えるべきである。

皇帝の彼に対する信任は深まり、彼は第二一年には帝国の財務大臣ヴィジールに任ぜられた。彼はきびしく事に当たり、未納の税金を取りたて、地税の徴収方法についての改革を行なった。第二四年の徴収方法の改革は、シャー＝マンスールの手によって行なわれたのであった。帝国の各地域にわたって土地の肥沃度、産品の市場価格などの統計がそろえられ、徴税官僚体制は整備されたのである。帝国は一二の州に分けられ、各州ごとに州長官、州財務官などが任命された。『アーイーニーアクバリー』に出てくる徴税行政機構はこのころにほぼでき上がったものと思われる。

❖シャー＝マンスールの人がら

『アクバル＝ナーマー』は、シャー＝マンスールのことを次のように評価している。

彼は当代の学問に通じていなかったが、弁舌と行動の卓越では当代一流の人物の先頭たるものであり、これらの資質に加えて広い能力を持っていた。

しかし、シャー＝マンスールは、政治的妥協を知らず、財務官の理念を追求・実践したのであった。『アクバル＝ナーマー』は第二五年の項で、妥協を知らぬシャー＝マンスールの一方的熱心さを責めて言っている。

経理という職業柄、また（政府のために）利益を追ったので、彼は軍務の処理に視野が狭く、また、ヴィジール（ディーワーン）の職務の一面にのみ注意を払ったので、彼は収入の規則を強行した。

その結果、

カージャー（シャー＝マンスール）は穏当な道から外れて、徴税額をふやすことにつとめた。彼は現在の不安も時代の危機も顧慮《こりょ》しないで、滞納額の支払いを要求した。

皇帝はベンガル、ビハール駐屯軍の給与について関心を示し、さきにベンガル軍将校の給与を二倍に、ビハール軍は一・五倍にするようにとの命令を発していた。しかし、シャー＝マンスールは財務官の立場から、ベンガル軍将校の給与を五〇％、ビハール軍将校の給与を二〇％引き上げさせるようにとの命令を発したのだった。シャー＝マンスールにしてみれば財政上せいいっぱいの努力であったろうが、すでに給与された増加所得分まで回収させ、「過重な要求」をしたのはゆきすぎだった。ベンガル、ビハール軍のなかに給与に関する不満があらわれてくる。

❖ベンガル、ビハール軍の反乱

第二四年のベンガル、ビハール軍の反乱の原因としては、軍馬烙印規則をめぐる監督官の不正、皇帝の正統イスラームからの離脱などがあげられるが、シャー゠マンスールの一本気な財務管理が中小将校に不満を与えていたのも事実であろう。

トダル゠マルは、財務官としての才能ばかりでなく、政治的判断の才能をも持っていた。だからトダル゠マルはベンガル、ビハール軍の状況を視察するとすぐさま、「帝国の将兵が生死を忘れて戦っているときに寛大の心を忘れて徴税の増加をはかるとは何事ぞ」というきびしい報告をアクバルに送っている。報告の形でトダル゠マルは、シャー゠マンスールの非政治性を非難したのであった。

ベンガル、ビハール軍の反乱の火の手はいよいよ盛んになり、アクバルはこれをおさえるために、シャー゠マンスールを一時財務大臣ディーワーンの職から追うのである。

この時期、シャー゠マンスールは急速に宮廷内で孤立していった。そのとき、奇怪な密書事件がおこるのである。

❖密書事件

ベンガル、ビハール軍の反乱に呼応して、西北のアフガニスタンから王弟ムハンマド゠ハーキムがパンジャーブに侵入してきた。アクバルは東と西から腹背に敵を受けたのである。このとき、シャー゠マンスールが、ファテープル゠シークリーからムハンマド゠ハーキムと文通しているとの疑いがかけられた。このことのために皇帝はシャー゠マンスールを一か月のあいだ投獄した。しかし許されて出獄し、アクバルのパンジャーブ進軍に従っているあいだに、シャー゠マンスールはまたもやムハンマド゠ハーキムと文通し、その密書がおさえられ、シャー゠マンスールはパンジャーブの地で絞首されるのである。

このシャー゠マンスールの密書事件については、はっきりしたことはわからない。『大ムガル皇帝アクバル』の著者のヴィンセント゠スミスは、当時アクバルの宮廷にいたジェスイット宣教師アントニオ゠モンセラーテの記述に依拠して、密書はほんとうのことで、シャー゠マンスールは裏切りのゆえに殺されたのだ、としている。しかし、『タバカーテ-アクバリー』やブダウニーの記述によれば、密書はラージャ゠トダル゠マルのさしがねでシャー゠マンスールをおとしいれるためにつくられたのだ、としている。そして、アクバルがパンジャーブから王弟ムハンマド゠ハーキムを追い、さらにカーブルにはいると、密書がにせものである事実があきらかになり、マンスールの死後、「皇帝はしばしばカージャーの処刑を後悔した」(『タバカーテ-アクバリー』)という。

いずれにせよ、シャー゠マンスールの死後、根本的な行政改革は行なわれなくなった。シャー゠マンスールは、経理部官僚として一本気に道を進んだあげく、孤立して死ぬことになったのである。シャー゠マンスールの死とともに、アクバルの官僚体制化の夢も死んだのであった。

ラージャ＝マーン＝シング——アクバルの同盟者——

❖ビハーリー＝マル

ラージャ＝マーン＝シングは、アンベル（ジャイプル）のカチワーハ＝ラージプートの長である。その父はラージャ＝バーグワン＝ダース、祖父はラージャ＝ビハーリー＝マルである。アンベルのカチワーハ＝ラージプートは、地理的にアーグラ、デリーともっとも近かった。そして、ラージャ＝ビハーリー＝マルはアクバルと結んだ最初のラージプート族君長である。

ビハーリー＝マルがアクバルと初めて会ったのは、アクバル帝の第一年のことで、ビハーリー＝マルはアクバルの宮廷に呼ばれたのであった。会見のとき、アクバルは暴れる象に乗っており、象が動きまわるにしたがってアクバル宮廷の人びとは右往左往したが、ビハーリー＝マルとそのラージプート族従者は少しも動かなかった、という。

第六年に、アクバルはアジメールにあるムイヌ＝チシュティーという聖者の墓に参詣に行った。その途中、ジャイプルから四〇マイルのところで、カチワーハ-ラージプートの君長の一人がアクバルを迎え、さらにサンガーニールの地でビハーリー=マルが一族の者を率いてアクバルを出迎えた。そして、アクバルに仕えたい旨、申し出て許された。

アジメールからの帰り道で、サンバルの地でアクバルはビハーリー=マルの娘を受け、これを後宮に入れた。ここでムガル皇帝とカチワーハ-ラージプートとのあいだの婚姻をなかだちとする軍事同盟が成立するのである。

ラージャ=マーン=シング

そして、ビハーリー=マル、その子バーグワン=ダース、孫のマーン=シングは、アクバルに従ってアーグラに行くのである。アーグラでビハーリー=マルは五〇〇〇マンサーブの位階を与えられた。ビハーリー=マルはそのままアンベルに帰るが、その一族はアクバル軍に加わって戦功をあげることになる。

ビハーリー=マルの弟たちのうち、ループシーは一〇〇〇のマンサーブを得てアクバルに仕え、ビハーリー=マルの子どものバーグワン=ダースは五〇〇〇のマンサーブ、ジャガンナートは二五〇〇のマンサーブ、サルハディーは四〇〇のマンサーブをそれぞれ与えられている。こうしてビハーリー＝マルの一族はアクバルの野戦軍の強力な一部を構成したのであった。

❖バーグワン＝ダース

バーグワン＝ダースは、カチワーハー＝ラージプートの直系である。アクバルに従って征戦に従事し、第一七年の第一次グジャラート征戦のなかでのサルナールの戦いのときには、二〇〇騎にみたぬ数でアクバルとともに敵を襲撃し、その戦功によって、それまでヒンドゥー教徒には与えられたことのない戦旗および戦鼓を皇帝から与えられた。また、第一四年のランタンブホール要塞占領のときにも功績を立てている。

第二三年にはパンジャーブの総督となり、第二九年にはバーグワン＝ダースの娘がサリーム王子の後宮にはいった。この結婚からクスロー王子が生まれた。

第三〇年から三一年にかけてむずかしい問題が起こった。カシュミールの王はムガルに臣従の意を示しながら、自身出て来てアクバルの前に叩頭《こうとう》することをせず、半独立の体制を持っていた。アクバルはカシュミール併合を決意し、シャールク＝ミールザーとバーグワン＝ダースに討伐を命令した。皇帝軍の進撃を見てカシュミール王は天険に拠って抵抗の構えを見せたので、バーグワン＝ダースはかなりゆるい条件でカシュミール王と和を講じざるをえなかった。すなわち祈りの言葉にアクバルの名を入れ、アクバルの名入りの貨幣を発行し、アクバルの任命した官吏を受け入れ、王自身はアクバルの前に出頭して礼をなす、というものであった。アクバルはこの講和条件に不満であった。そしてカシュミール王がアクバルに礼をするために来たおりに、カシュミール王を拘禁してしまった。

バーグワン＝ダースは違約をしたことになり、これはラージプートの誇り高き心にとって打撃であった。バーグワン＝ダースは自殺をはかったが、傷は浅く、やがて回復した。

この第三〇年にバーグワン＝ダースは五〇〇〇のマンサーブを授けられた。第三二年にはビハールにジャーギールを授けられ、ビハールの総督に任ぜられた。

第三四年に、ラージャ＝トダル＝マルの死後まもなくバーグワン＝ダースも死んだ。ラホールにおいてであった。バーグワン＝ダースの生涯は、アクバルの征戦とともに過ごした生涯であった。

❖マーン＝シング

バーグワン＝ダースの子、ラージャ＝マーン＝シングもまた、アクバル宮廷で用いられ、五〇〇〇のマンサーブを与えられている。

彼は、アクバル帝の第二二年にヒンドゥー教徒王の軍と戦って戦功をたてている。その後、父バーグワン＝ダースがパンジャーブの総督になったとき、インダス河畔での鎮定作戦に従事している。第三〇年にはカーブルの王弟ムハンマド＝ハーキムが死亡し、残されたアフガニスタンの王国を接収し秩序を回復するために彼はカーブルに派遣された。カーブルで彼は抵抗する地方土侯の鎮圧に努力した。そのあと、西北辺境地方の部族民がムガルの支配に反抗したとき、命じられてカーブルから軍を率いてユースフザイ族の討伐におもむいた。三二年にはビハールに任地を代えられ、ここに封地も与えられた。

父バーグワン＝ダースの死後、マーン＝シングはアクバルからラージャの称号と五〇〇〇のマンサーブを与えられた。ビハールでマーン＝シングは服従せぬ土豪を討伐し、また小君長たちからは貢物を取った。

❖オリッサの併合

マーン＝シングの重要な仕事はオリッサの併合であった。第三五年にマーン＝シングは、チョター＝ナグプルの道からオリッサにはいり、プーリーを占領した。そのあと、第三七年にカージャー＝スライマーンおよびカージャー＝ウスマーンに率いられたアフガン人の軍隊がオリッサをおびやかしたとき、マーン＝シングはまたもオリッサに侵入し、最終的にこの地を帝国領に編入した。

そのあと、マーン＝シングは、東ベンガル地方に対して平定の軍を進め、第三九年にはラージ＝マハールの地にアクバルナガルを建て、またそのほかにサリームナガルの町も建設した。第四一年には彼は、クチ＝ビハールの王の娘と結婚した。そして、クチ＝ビハールの王は自らをアクバル帝に臣属するものなりと宣言した。

東ベンガル平定作戦は第四二年にも行なわれた。

第四四年にラージャ＝マーン＝シングは、皇帝からデカン征戦に参加するよう命じられた。ビハール、ベンガル地方のアフガン族諸君長は当分平静にしているであろうと考えた彼は、子のジャガット＝シングをビハールに自分の代理として残しておき、自らは出動してアジメールでサリーム王子の軍と合した。ビハールではジャガット＝シングは間もなく死に、マーン＝シングの孫のマハー＝シングが後をついだ。ところが、東方のアフガン人諸君長はカージャー＝ウスマーンのもとに反乱し、ムガル軍を破って、オリッサとベンガルの大部分を第四五年に占領してしまった。

これを聞いてマーン＝シングは急いで東方に引き返し、アフガン人の軍をシャリーファーバードに破り、ベンガルを取り返した。マーン＝シングがこの勝利のあと、皇帝に閲したときに、アクバルは七〇〇〇のマンサーブの位を彼に与えた。それまで、九〇〇〇、七〇〇〇のマンサーブは皇族のみに限られており、臣下の最高位は五〇〇〇であったが、アクバルは慣例を破ってヒンドゥー教徒の臣下に七〇〇〇の位を与えたのであった。

❖クスロー党

アクバル帝の第四九年または第五〇年に、帝の健康が衰えたので、マーン＝シングはそれまでの任地ベンガルを去って、アーグラにおもむいた。

当時、アクバルの後継者としては、長子サリーム（後のジャハーンギール帝）と、その子クスロー王子とがもっとも有力な候補者であった。マーン＝シングはクスロー党であった。そのために、アクバル死後ジャハーンギールが登極し、クスローが反乱に破れると、マーン＝シングはクスローに同情を示したものとして罰金を課せられた。マーン＝シングは一〇〇〇万ポンドに等しい額を課されたと伝えられる。

ジャハーンギール帝は、深くマーン＝シングを責めることをせずに、彼をベンガルに派遣し、さらに間もなく、ビハールのロータスの反乱鎮圧に派遣し、そのあと、デカン地方の作戦に彼を使った。

マーン＝シングは、ジャハーンギール帝の第九年に、病気のためにデカンで死んだ。彼の一五〇〇人の妻のうち六〇人が薪の上で彼と共に焼けて死んだ。

ムザッファル＝カーン——大将軍の道——

❖台頭

彼の名は、カージャー＝ムザッファル＝アリー＝カーン＝イ＝トゥルバティーである。トゥルバットというのは、中央アジアのホラーサーン地方の部族の名である。彼はアクバル治世初期の勢力者バイラーム＝カーンの財務係ディーワーンであった。バイラーム＝カーンは彼をシェール＝ムハンマド＝ディーワーナに紹介し、この者はさらに彼をアクバルに紹介したのであった。アクバルはムザッファル＝アリーを、はじめパルサロールの郡パルガナの徴税官に任じ、そのあと帝室財務の財務官とし、ついには帝国の財務大臣ディーワーンに任じ、カーンの称号を与えたのであった。彼が財務大臣であったころ、トダル＝マルはその下僚であった。そしてブダウニーによれば、ムザッファル＝カーンとトダル＝マルの関係は徐々に悪くなっていった。

そのころ、日一日と、一般的なことについても小さなことについても、彼とラージャ（トダル＝マル）のあいだの敵対がつのっていった。

ラージャ犬めはムザッファル＝カーンよりましだ、

犬のほうがラージャよりも一〇〇倍もよいのだけれど。

アクバル帝第一一年にムザッファル＝カーンは徴税制について改革をした。ジャマ－ラカミーという従来の制度をとりやめたのである。耕地からの徴税額の評価が、これまでは数字ばかりふくれあがって実情に合わなくなっていたものを、正確に近い数字に改定したものと思われる。この改革について、『アクバル－ナーマー』は次のように記している。

陛下の命令に従ってムザッファル＝カーンはジャマ－ラカミーをとりやめた。それはバイラーム＝カーンのころに行なわれ、それによって（ジャーギールダールになる）人が多く、国土は不安定の状態のために、収入はたんに呈示するためにのみ、名目上増加したのであった。

これらの書類はすべて官庁に保存されて権威あるものとみなされ、黄金の奴隷どもにとっては私消・着服のよき道具であった。帝国領土のすべての様子を知るカーヌーンゴー（郡の税関係担当者）やその他の者は、彼ら自身の評価に従って、諸地域の実際の産額を定めて新しいジャマ（税額）を設定した。これは正式の評価ではなかったが、しかしなお以前のものと比較するなら、正式の評価とも呼ばれよう。

新しい地税額表はジャマ－イ－ハーシル－イ－ハール（現在の実際の収入の徴税額表）と呼ばれた。

また、ムザッファル＝カーンは帝国の将校たちが常に準備しておくべき兵馬の数を定め、兵士を三等級に分類した。

❖新しい権臣

しかし、ムザッファル＝カーンは、ラージャ＝トダル＝マルとちがって、官僚体制の創出にはあまり関心はなかった。むしろ将軍への道を彼は歩いていった。

ムザッファル＝カーンは新たな権臣としての態度を示すようになってきた。第一二年または第一三年に、アクバルは「財政はムザッファル＝カーンの手にあまる」からというので財務大臣の職を免じた。だが実際に　ムザッファル＝カーンの勢力は衰えなかったようである。その後、第一七年になって、ムザッファル＝カーンは、皇帝のゲームのお相手をする態度がよろしくないとの理由で、不興をこうむって退けられ、メッカに追放されることになった。

だがアクバルは、権臣ではあるが有能なムザッファル＝カーンを手離すことができなかった。途中で彼は呼びもどされ、またもアクバルに仕えることになり、第一八年にはムザッファル＝カーンは総理ヴァキールの重任を与えられた。そして皇帝は、東方やグジャラートをめぐって帰ってきたトダル＝マルと組ませて行政改革をやらせようとした。
しかし、ムザッファル＝カーンは、すべてのムガル将校を官僚としてしまおうとする行政改革には強く反対であった。いまや権臣としての性格を身にそなえたムザッファル＝カーンは一給料生活者になりさがることに堪えられなかったのであろうか。『アクバル＝ナーマー』は次のように記している。

彼は大官にふさわしい恩寵をもって迎えられ、高きヴァキールの地位に任ぜられた。彼は財政や政治の職務を遂行するのに有能に身をつくした。彼は以前の職務を執り、シャーヒンシャー（皇帝のなかの皇帝）の仁徳のお恵みでよく奉仕をしたが、そのとき彼の目は不幸にも神に与えられた輝かしい幸運の助けを見る力を失って自分の成功だけを見るようになった。彼は世俗的な成功という感覚破壊酒をむさぼり飲んで、あらゆる行政上の成功を自身の能力に帰した。彼は現象世界のできごとの処理を専断し、世界の大君が政策上彼にヴァキールの称号を与えたからとして、この馬鹿者はだんだんに自分がこの職務に適任であると考えるようになり、彼の尊大は高まった。……ついに軍馬烙印の問題が起こり、彼はうぬぼれに酔いつぶれて理性が錆《さび》に覆われていたので、ことがらを理解せずに馬鹿なことばかりいった。

しかし、ムニム＝カーンやムザッファル＝カーンがどうしてもこの計画を認めようとしないだろうことはまことにありうべきことであった。……ムザッファル＝カーンはうぬぼれと理解のなさから聖なる規則の実行に反抗を示し、君寵を失った。

かくて、ムザッファル＝カーンは、総理の地位から外されて、ビハール地方の反乱軍の討伐に派遣されるのである。討伐戦で彼は何回にもわたって勝利をおさめ、アフガン諸君長の手からハージープルを奪った。この戦功によって彼は第二〇年にビハールの総督に任じられた。

第二二年には宮廷に帰って、シャー＝マンスールやラージャ＝トダル＝マルとともに、造幣局の改革に従事している。

第二三年にベンガル総督カーン＝ジャハーンが死んだので、ムザッファル＝カーンはベンガルの総督に任命された。

❖ベンガル、ビハール軍の反乱

第二四年に給与の支払規定をめぐって、ムガル中・下級将校のあいだに不満が高まり、まずベンガル軍の一部が、つづいてビハール軍の一部が反乱を起こした。はじめムザッファル＝カーンは何回かの戦いで反徒をうち破り、反徒のがわからの和議申し入れにも応じなかった。しかし、ビハールの反軍がベンガルの反軍に合流すると、反徒の勢力はムザッファル＝カーンよりも強大になった。反軍のほうはそれでも自信なく、ムザッファル＝カーンと和議を結びたがっていた。だが、今度はムザッファル=カーンのほうが弱気を出してしまい、四つの壁のほかには地の利のないターンダの城に退却してたてこもった。ムザッファル=カーンの部下からも反軍に脱走する者が出、反徒はムザッファル=カーンの軍が強力でないことを知ると一気にターンダを攻めてムザッファル=カーンを捕え、拷問の後、殺してしまった。

ムザッファル=カーンは財務部の官僚として頭角をあらわしながら、大将軍への道を歩いた人物であった。

Ⅳ アウラングゼーブまで

第四代皇帝ジャハーンギール

❖ジャハーンギールの生活

一六〇五年一〇月二七日、サリーム王子はアクバルのあとをうけて皇帝となり、ヌール＝ウッ＝ディーン＝ムハンマド＝ジャハーンギールと称した。彼が後継者となるにあたって、彼はムガル貴族たちに、イスラームを保護すること、および彼の子で王位継承の競争者であるクスロー王子を支援した者に害を加えないことを約束し、この約束は誠実に守られた。

ジャハーンギールの生活は怠惰なものであり、彼は酒とアヘンに溺《おぼ》れていた。ジャハーンギール皇帝と親しかった船長ウィリアム＝ホーキンズは、ジャハーンギールの一日を次のように描いている。

夜明け方、彼は美しい私室で、西方（メッカ）に向かって念珠をつまぐっている。この室にはマリアとキリストの石刻の像がある。それから、ジャハーンギールは宮廷正面の張出し窓に出て臣民に彼の顔を示し、そのあと二時間睡眠をとり、食事をした後、婦人部屋に退く、正午には謁見をして三時までつづき、さらにまた象の戦技や他の遊戯を見た。この時間に、彼はまた裁判にたずさわり、判決を下した。彼はまた祈りをし、四品または五品の肉をとったが、このなかからわずかに胃をなぐさめる程度にとり、強い酒を一口に飲んだ。その後、彼は私室にはいる。この室には彼が命ずるもの以外のものは来ない。この場所で彼は他の五杯を傾けたが、これは侍医が彼にあてがう分量であった。これがすむと彼はアヘンをとり、而《しか》して酒が高潮に達したとき、眠りにはいり、そしてだれもかれもが自宅に帰るのである。そして、彼が二時間休んだ後、彼の目をさまし、夜食を彼にささげるのであるが、このころ、彼は自ら食をとることができない。他のものが彼の口中に食物を押し込む。そしてこのころが夜中の一時で、彼は夜の残りの部分を眠るのである。

❖クスロー王子の反乱

ジャハーンギール帝の治世のはじめに起こった事件は、クスロー王子の反乱であった。クスロー王子は、ムガルの高官のなかの多くの人びとに親しまれ、魅力的な青年であったが、やはり皇帝権への野心を持っていた。ジャハーンギール皇帝はクスロー王子をアーグラ城内に拘禁しておいたが、クスローは城を抜け出し、多くの青年貴族の応援を得ながらラホールに急行し、ラホール到着のときまではクスロー王子のもとには一万二〇〇〇騎が参集した。だが、ラホールの知事は王子のために城門を開けることを拒んだ。いっぽう、ジャハーンギール帝は集めうるかぎりの兵力をもって急ぎクスロー王子のあとを追いかけ、両軍はパンジャーブで戦闘を交え、訓練未熟のクスロー王子の軍は破れ、多くの兵は殺されたり捕虜になったりした。クスロー王子自身もチナーブ川で捕えられ、父王のもとに引き出された。皇帝は、王子の二人のおもな臣下のうち、一人は牛の、もう一人はロバの皮をはいだなかに縫い込み、ロバの上に頭を尻に向けて乗せ、市中をねり歩かせ、市民に見せた。また、ラホールと郊外の庭園とのあいだに杭が植えられ、この杭の一本ずつにクスローの部下一人ずつを刺し殺し、クスローは象の上に乗せられてこの杭のあいだを連れ歩かされた。父王はクスローに対して、汝《なんじ》の部下が汝に敬礼していると言って笑ったという。クスロー王子に好意を示した者は巨額の罰金を払わされた。パンジャーブのシク教の教主グル＝タラン＝アルジューンはクスローに五〇〇〇クピーを渡したが、アルジューンはジャハーンギール帝によって捕えられ、苦刑の後、殺害された。

　ジャハーンギール帝は、そのあとカーブルに行き、やがてアーグラに帰還するが、帰還後、ふたたびクスロー王子を中心とする帝位に関する陰謀が進んでいるのを知り、陰謀団の内四人を死刑にし、クスロー王子の両眼をつぶさせた。王子の目はその後の治療の結果、片目はつぶれないですんだ。

クスロー王子の人がらについて、イギリス人テリーは次のように書いている。

かの王子は非常に愛らしい様子と優雅な風采の紳士であり、一般人民からはなはだ愛されており、スエトニウスがティトゥスを評して言ったように、「愛らしくこころよい」人民の愛情とよろこびの対象であった。年齢は当時およそ三五歳ぐらいであった。彼は一人の妃を有して満足していたが、妃もあらゆる愛情と心づかいで彼の苦難の道で奉仕したため、彼女以外に多数の妻を得ることをその宗教は許したにかかわらず、彼女以外のものを妻とはしなかった。

ヌール=ジャハーン

❖ヌール=ジャハーン

一六一一年五月、ジャハーンギールはミフル=ウン=ニッサーと結婚した。彼女は後にヌール=ジャハーン（世界の光）という称号を受け、ジャハーンギールの愛情を一身に集め、ムガル帝国の政治を左右することのできる勢力を得るに至るのである。

彼女は、はじめシール＝アフカン＝カーンのもとに嫁していたが、夫が陰謀に巻き込まれて殺された後、皇太后スルターン＝サリーマ＝ベガムの侍女長となってアーグラに住み、たまたまジャハーンギール帝は彼女と会い、彼女を愛するようになり、結婚したのである。彼女は結婚当時すでに三四歳であったがその美しさは皇帝を引きつけた。また、彼女はペルシャ語の教養に秀でており、美術に趣味深く、国事に精通しており、名誉欲と権力欲とを持っていた。彼女の父でイティマード＝ウッ＝ダウラーの称号を有するギヒヤース＝ベッグを中心に、一つの党派がムガル貴族のなかに形成され、これが事実上帝国を統治したのであった。

ヌール＝ジャハーンは夫とともに狩りをし、勅令ファルマーンを発し、夫とともに貨幣の表に自己の名をとどめた。

❖小反乱

ジャハーンギールの治世のあいだも、帝国は多数の小反乱が絶え間なく起こっていた。そのなかからおもなものを拾うと次のごとくである。

ジャハーンギールとポルトガル人やイギリス人との関係は、いろいろと曲折はあったが、よくもなく悪くもない、といったことところであった。

ベンガル地方のアフガン族が反乱をしたが、ベンガル州知事は州の首府をダッカに進め、この反乱を鎮圧した。北西辺境州でのアフガン族の反乱は一六一一年に起こり、一時はカーブルを包囲した。この反乱が鎮圧されてもなお、インダス川右岸地域には反乱状態がつづいた。

❖ラーナーとの和議

ラージャスターンではメワールの服属が大きな問題である。ラーナー＝プラタープ＝シングの後をうけて一五九七年王位を継いだラーナー＝ウダイ＝シングは、相変わらずムガル帝国に対する抵抗をつづけた。一六〇八年、マハーバット＝カーンがメワール攻めの指揮をとり、広い平原での戦闘ではムガル軍が勝ったが、ラーナーは奥地深くに逃げ、征戦はうまく進まなかった。

一六一三年、ジャハーンギールは首都をアジメールに移し、大兵力を集め、三男のクラム王子にこれを指揮させて、メワールの国土に侵入せしめた。クラム王子はメワールの領土を荒廃させ、山砦《さんさい》にたてこもるラージプート族の補給路を切断した。部下が飢えるのを見て、また部下の戦意がくじけるのを見て、ウダイ＝シングの意志もくじけた。彼はジャハーンギールの宗主権を認め、ムガル朝に帰順し、その子カラン＝シングをジャハーンギールの宮廷に送る旨申し出た。和議がととのい、勅令ファルマーンが発せられ、ウダイ＝シングはクラム王子のもとに挨拶に来、こうしてアクバルが達成できなかった成功が達成された。メワールのラーナーはこれ以後、シャージャハーン帝に対しても忠誠を保ったが、第六代アウラングゼーブ帝の時に至って、皇帝のヒンドゥー教に対する政策に怒り、反逆をするのでみる。

❖アフマドナガル攻撃

ラージャスターンのあと、ジャハーンギールの注意は、デカンに向けられた。デカンの西北アフマドナガル王国に有能な大臣マリク゠アンバルが出て、アフマドナガルの国威はもりかえしはじめたのである。

アフマドナガルは征服者のイスラーム王朝であって、その下にはマラータ族が土着の民としてあった。マラータ族のあいだに徐々に豪族が発生するようになり、この豪族は騎馬兵を養って、しばしばイスラーム王朝の作戦を助けた。マラータ族の騎兵は軽装備で、きわめて活動的であり、ほとんど補給を必要としなかった。彼らは武器のほかには一枚の布とパン一片とおそらくタマネギを持つのみであった。象群、荷車、荷馬、妻子などを同伴していなかったので機動力はいちじるしかった。その戦法は、正面きって大軍と戦うのではなく、行進中の部隊の側面や背後にまわったり、小部隊を撃滅したり、補給路を切断したりする方法であった。

マリク゠アンバルは、アフマドナガル軍のなかに、このマラータ族騎兵を使用したのである。また、マリク゠アンバルは首府を現在のアウランガーバードに移し、トダル゠マルがアクバルのために採用したと同様な計量による地租徴収方法を採用した。これらのことを通じて、アフマドナガル王国は一時力をもりかえしたのである。

アフマドナガルに対する征戦は一六〇八年ごろからはじめられたが、ムガル軍の作戦ははかばかしく進まなかった。一六一六年になってムガル軍の大規模な攻撃が準備され、クラム王子がデカンの総督となり、ジャハーンギール帝は戦地に向かって軍を進めた。

ムガルの大軍の接近はデカンの地に動揺をもたらした。アフマドナガルおよびその南方のビージャープルは、これまで奪い取ったムガル領を返し、将来規則正しく入貢するという条件で屈服した。この功によりクラム王子はシャー＝ジャハーン（世界の王）という称号を受けた。

❖ジャハーンギールの王子たち

一六二〇年ごろになるとジャハーンギール帝の健康は衰え、後継者のことが問題となってきた。皇帝の長子クスローは片目ではあったが有力な資格者であった。第二子のパルヴィーズは大酒飲みであった。第三子のクラムは有能で精力的であったが、ヌール＝ジャハーンの思いどおりになるような人物ではなかった。第四子のシャフリヤールは年もいかず柔弱でヌール＝ジャハーンの思いどおりになりそうであった。この四人によって王位をめぐるあらそいがなされるのである。細かい点をはぶいていうと、シャー＝ジャハーンは一六二一年、兄クスローを絞殺した。一六二六年パルヴィーズは酒のために死亡した。シャー＝ジャハーンは父皇帝に対して反乱し、デカンからベンガルまで逃げ歩いたが、結局、シャー＝ジャハーンが王位に登ることになった。

一六二七年一一月、ジャハーンギール皇帝は北インドで死んだ。

第五代皇帝シャー＝ジャハーン

❖シャー＝ジャハーンの即位

ジャハーンギールが死んだとき、宮廷の貴族のほとんどはシャー＝ジャハーン党であった。宮廷の実力者アーサフ＝カーンは、そこで、シャー＝ジャハーンに急使をたてた。だが、シャー＝ジャハーンは遠くデカンにあり、もどってきて即位をするには、なお時間が必要であった。いっぽう、ラホールにいたシャフリヤールが帝位を称することは必定であった。皇帝と称するものに対して武器をとりたくないアーサフ＝カーンは、シャー＝ジャハーンがもどってくるまでのつなぎとして、クスロー王子の子ブラーキを皇帝にしたててダーヴァル＝バクシュと称さしめた。アーサフ＝カーンがダーヴァル＝バクシュとともにラホールに進撃してみると、予想どおり、シャフリヤールは帝室の宝庫を奪い、即位していた。ここで会戦が行なわれ、シャフリヤールは敗れ、ダーヴァル＝バクシュの前に引き出され、盲目にさせられた。

一六二八年一月、シャー＝ジャハーンはラホールに到着して即位した。シャー＝ジャハーンは命令を発して王位の競争者である、ダーヴァル＝バクシュ、シャフリヤールを死刑にした。ヌール＝ジャハーンに対しては十分な年金を与えたが、彼女が政治に口を出すことは許さなかった。

シャー＝ジャハーンの治世のあいだも、広大なムガル帝国のあちこちで反乱、騒動の絶え間がなかった。それらの小反乱の一つ一つについて書くことはここでは省くことにする。

一六三〇年三月、デカンのアフマドナガル王国がふたたび力をもりかえしてきたので、シャー＝ジャハーンは自ら出陣してブルハンプルに到着した。皇帝の到着によりムガル軍は奮起してアフマドナガルの国土を荒廃せしめた。

シャー＝ジャハーン

❖ タージ＝マハール

しかし、翌三一年六月、シャー＝ジャハーンの愛妃ムンターズ＝マハールがお産のあと死んだので、シャー＝ジャハーンはがっかりして、デカン征服戦争を部下にまかせてアーグラに帰った。アーグラで

タージ-マハール

彼は、白大理石を基調としモザイクを施した廟《びょう》ターージーマハールを愛妃のために建てた。シャー=ジャハーンのはじめの計画では、もう一つ黒大理石の廟を建てそこを自身の墓所とするつもりであったが、計画は完成せず、シャー=ジャハーンの遺体はタージ=マハールのなかにおさめられた。

❖アフマドナガル王国の滅亡

デカンでは征服戦争がつづけられ、ムガル軍は、アフマドナガルの主城、ダウラターバードの要塞を包囲した。ダウラターバードは食糧が尽きて城門を開き、アフマドナガル王フサイン三世、多数の砲、鉛、火薬がムガル軍の手中にはいった。フサイン三世はグヮリオールの要塞に監禁された。

だが、ダウラターバードの陥落後もデカンでの戦争はつづいた。マラータ族の豪族シャージー=ボンスラがアフマドナガル王家の一人を擁して傀儡《かいらい》王となし、ムガル軍に抵抗したのである。シャー=ジャハーンはふたたびデカンにおもむくことにし、一六三六年ダウラターバードに到着し、兵力の一部をもってシャージーにあたり、他の一部をもってビージャープルを荒廃せしめた。ビージャープルの王ムハンマド=アーディル=シャーは和を乞い、シャージー=ボンスラも降伏し、傀儡王はグヮリオールの要塞に送られ、こうしてアフマドナガル王国は滅びた。

シャー＝ジャハーンはデカンを四つの州に分けた。アフマドナガルおよびダウラターバード、カーンデーシュ、ベラール、テリンガナの四つである。そして、この四州の上に総督をおき、第三子のアウラングゼーブ王子をこれに任じた。

❖カンダハルの攻防戦

そのほかの事件としては、カンダハルの攻防がある。カンダハルはカーブルの南にある交通上の要地であるが、さきにペルシャ勢力によって奪取されていた。カンダハルの守将アリー＝マルダーン＝カーンは、ペルシャ王の怒りを買ってしまい、自分の命を救うために城塞ごとムガルに移ってきた。それは一六三八年のことであった。ペルシャ側は後に大軍をもってカンダハルを囲み、これを奪回した。そこでカンダハルをふたたびムガルの手にとりもどす必要が感じられ、一六四九年、アウラングゼーブは第一回のカンダハル奪回戦を行なったが成功しなかった。一六五二年、アウラングゼーブは第二回の奪回戦をしたが、これも失敗した。五三年、第一王子のダーラー＝シュコーが奪回作戦をしたが、これまた失敗であった。

ペルシャのサファーヴィー王朝は、西の国境でオスマン帝国と不断に戦争を行なっており、西方の戦闘様式をよく学びとり、とくに砲の鋳造、砲兵の使用においてすぐれていた。いっぽうムガル側の騎兵は、ペルシャの歩兵に対してさえも歯が立たなかった。ムガルの大砲は幼稚なもので、砲丸の大きさは一定せず、砲身と砲丸のすきまのために射程は安定していなかった。こうして、カンダハルはまたもやペルシャの手中にはいった。

シャー＝ジャハーン帝は、かねてから父祖の故郷である中央アジアを奪回したいと思っていた。ウズベック族の内紛を利用して、シャー＝ジャハーンはバダクシャーンおよびバルクの征服を志し、第四王子のムラード＝バクシュを北に送って作戦させた。作戦はいちおう成功したが、王子とムガル軍は征服地の維持にたえられず、やがてインドに退いた。第三王子アウラングゼーブがついで起用されたが、結果はやはり同じであった。北地の寒さやウズベック族の反抗心がムガルの野望を打ち破ったのであった。

❖シャー＝ジャハーンの王子たち

さて、ここで、シャー＝ジャハーンの王子たちに触れておこう。第一子はダーラー＝シュコーであり、父に愛され、ほとんど宮廷に住み、任地の行政を部下に処理させることを許されていた。ダーラー＝シュコーは宗教的にはスンニ派であったが、けっして厳格なムスリムではなく、スーフィー派の哲学にも興味を持ち、キリスト教にも関心を持っていた。第二子のシュジャーは快活な性格であったが、酒色にひたっていた。第三子のアウラングゼーブは剛気、決断力を持ち、頑固なスンニ派であり、その生活はきびしかった。第四子のムラード=バクシュはあまり信仰に関心のない戦士であった。

これらの王子たちが、帝位への競争者であった。

シャー=ジャハーンによって建てられた
デリー王宮内の特別謁見所

❖建造物

シャー=ジャハーン皇帝は、荘麗な建築を愛した。彼はタージ=マハールのほか、アーグラの城内にいくつもの美しい建物を建てた。また彼はデリーを帝国第一の都市にしようと考え、これまでのいくつかのデリー城の北側にあらたにデリー城を建設し、これにシャージャハーナーバードと名づけた。謁見室やイスラーム本山ジャマーマスジードはシャー＝ジャハーン期の建築の代表である。この新都市は一六四八年、首都となった。

❖アウラングゼーブの台頭

アウラングゼーブは、カンダハル攻撃失敗の後、デカンの総督に任じられ、この地で着々と実力をたくわえた。アウラングゼーブはゴルコンダの商人出身の大臣ミール＝ジュムラをひそかに味方として、ゴルコンダ王国に攻撃を加えた。アウラングゼーブの軍はハイデラーバードの町を掠奪し、また一万五〇〇〇騎および象と砲兵を持つミール＝ジュムラを手に入れた。

ついでアウラングゼーブはビージャープルに侵入し、ビーダル、カルヤン等の城を手に入れた。アウラングゼーブはデカンで、トダル＝マルが行なった計量式の地税徴収法を採用して軍を富ませた。

一六五七年九月、シャー＝ジャハーンは重病にかかった。病がやや回復すると、彼はデリーを離れてアーグラにはいった。しかし、シャー＝ジャハーンの大患の情報は地方に伝わり、地方にいた各王子たちは、帝位継承にそなえて勝手な行動をとりはじめた。第二王子でベンガル知事のシュジャーは、自ら帝王の名を称した。第四王子ムラード＝バクシュもグジャラートの知事であったが、帝王を称した。第三王子アウラングゼーブは慎重であった。アウラングゼーブは当時デカンの総督であったが、ムラード＝バクシュと文通して同盟を結び、帝国を二人で分割することにきめ、軍を北に進めてマールワーのディーパールプルでムラード＝バクシュの軍と合流し、さらに北のかた、アーグラを指して進撃した。

❖帝位継承戦

シャー＝ジャハーンの第一王子ダーラー＝シュコーは、ダルマットの地にラージャ＝ジャスワント＝シングおよびカーシム＝カーンを派して、アウラングゼーブらの進路を阻ませたが、アウラングゼーブの砲兵隊の威力はいちじるしく、ラージプート騎兵の突撃は失敗し、アウラングゼーブとムラード＝バクシュは勝利者となった。

そこで、第一王子ダーラー＝シュコーは自ら出陣して、反乱軍を撃破しなければならなくなった。ダーラー＝シュコーは、チャンバル川の線で弟たちの軍を迎撃しようとしたが、アウラングゼーブは道を避けて浅瀬を渡り、そのためにダーラー＝シュコーは陣形を転換してアーグラの東、八マイルのサムーガルに兵力を展開した。

この時にあたり、アウラングゼーブとダーラー＝シュコーの生い立ちのちがいがはっきりとあらわれた。アウラングゼーブの陣営にはデカンの戦闘で鍛えられた人馬があり、すぐれた砲兵隊があった。いっぽう、ダーラー＝シュコーは長年の首都暮らしの結果、豚殺し、魚屋、掃除人などまでもかき集めて軍隊を組織したのであった。さらに、アウラングゼーブは実戦の経験が豊かであったが、ダーラー＝シュコーにはそのような経験はなかった。

サムーガルの会戦で、アウラングゼーブの砲兵隊は威力を発揮したが、ダーラー＝シュコーのラージプート騎兵も勇敢に戦った。しかるに戦争のいちばんはげしいころに、ダーラー＝シュコーは戦象から降りて軍馬に乗りかえたので、象の上にはダーラー＝シュコーは見られなくなってしまった。ダーラー＝シュコー軍は大混乱におちいり敗走した。ダーラー＝シュコーは夜になってアーグラにはいり、翌日、家族を連れてデリーに向けて逃れた。

戦闘勝利後、二人の王子はアーグラにはいった。だが父帝シャー＝ジャハーンはアーグラ城の門を閉じて防戦した。砲兵の弾丸もアーグラ城の城壁には無効であった。そこでアウラングゼーブは城の水源をおさえた。シャー＝ジャハーン帝はこれによって屈し、一六五八年六月二八日城門を開き、帝自身は後宮に引退した。そして死ぬまで、その後宮から出ることはなかった。

第六代皇帝アウラングゼーブ

❖帝位継承戦はつづく

アウラングゼーブは、兄ダーラー＝シュコーを破り、父帝シャー＝ジャハーンをアーグラの後宮におさえたのち、ムラード＝バクシュとともに、ダーラー＝シュコーを追って北に進んだ。デリーへの進軍中に、アウラングゼーブとムラード＝バクシュのあいだは緊張してきた。マトゥラにおいて、アウラングゼーブは、ムラード＝バクシュがサムーガルの戦闘で受けた傷の全快を祝う宴をはり、ムラード＝バクシュに心ゆくまで酒を飲ませ、突如部下の兵にムラード＝バクシュを抑えさせ、捕えて、グヮリオールに送った。後に、ムラード＝バクシュは逃亡をくわだてたので、アウラングゼーブは人をやって彼を殺させた。

ムラード＝バクシュの軍は一時混乱におちいったが、ある者はアウラングゼーブに忠誠を誓い、ある者は軍を離れ、大事件は起こらずに終わった。

ダーラー＝シュコーはデリーで国庫をおさえ、軍兵一万を徴募したが、アウラングゼーブの接近を知ってラホールに向かって逃走した。

一六五八年七月、アウラングゼーブはデリーにおいて帝位につき、アラームギールと称した。いっぽう、ダーラー＝シュコー追撃はきびしく行なわれ、ダーラー＝シュコーはラホールからムルタン、さらにグジャラートに逃れ、ラージプート王侯に支援されて兵力二万二〇〇〇に増加し、アーグラを攻略しようとしてアジメールに接近した。

アウラングゼーブもアジメールに進み、両軍はアジメールの南四マイルのデオライの峠で合戦した。ダーラーは要害の峠を守ったのでアウラングゼーブはその第一線を破ることができず、迂回《うかい》してダーラー軍の背面を突き、ようやくダーラー＝シュコーの軍を破ることができた。ダーラー＝シュコーの軍は敗走し、彼自身はシンド地方に逃げ、インダス川を渡り、ペルシャに逃げこもうとしたが、一地方豪族の背信にあって捕えられ、デリーに送られ、都のなかを引きずりまわされてさらしものにされたあげく、殺された。

残った一人の帝位候補者シュジャーは、ベンガルの知事をしていたが、ラージ＝マハールにおいて帝位を称し、船と陸路とによって五八年にはパトナ、アラーハーバードまで進撃してきた。一六五九年一月、アラーハーバードの近くのコラにおいてアウラングゼーブ軍とシュジャー軍は会戦し、アウラングゼーブが勝った。シュジャーは皇帝軍に追撃され、ダッカに逃げ、さらにこの地にもいたたまれず、船に乗ってアラカンに逃げた。後、アラカンで、土着の勢力に殺された。
こうしてアウラングゼーブは競争者を全部とりのぞき、安定した帝位を得た。

❖厳格なムスリム

アウラングゼーブは厳格なムスリムとして臣下にのぞんだ。『ケンブリッジ－インド小史』は次のように記している。

彼は貨幣の上にイスラームの象徴や純正なるカリフの名を印刻することを避けた。というのは、邪教徒の手を経るうちに、不敬または汚濁されることもあるというにあった。彼はナウルードすなわち邪教徒の祭日なる正月の祝賀をさしとめた。彼はイスラームの規則遵守のために道徳の監督官を任命し、人を酔わす酒類の製造、販売、使用を禁じた。彼は倒壊しているイスラーム寺院を修復してこれに官吏を任命し、宮中において音楽を禁じた。彼はアーグラ城門にジャハーンギールが建てた石造の象を取り除き、彼はヒンドゥー教のダルシャンに似たジャロカー、すなわち張出し窓に毎朝顔を出す習慣を廃した。彼は手をとって頭に触れさせるヒンドゥー教徒の挨拶を禁じ、老齢に達するや、彼はヒンドゥー教徒の風習を抑え、イスラームの教え、その禁制を遵守せしめるその他の規則を創定した。

実は、このころまでにムガルの統治体制はまったくゆるんでしまっていたのである。アクバルが残した巨大な富はシャー＝ジャハーンによって浪費されてしまっていた。官吏はほとんど全部商人からの借財を負っていた。苛税のために北インドの農村は荒れ果てていた。だからアウラングゼーブがきびしい宗教的態度を示せば示すほど、偽善の感がいちじるしくなるのである。広大なインドの農村でヒンドゥー教の習慣をなくすことはまったく不可能であった。マヌッチは酒の密造、密売が盛大に行なわれていたことを伝えている。官吏は腐敗し、あらゆる機会に賄賂を取り、その賄賂の金額は皇帝の前で大声で語られる始末であった。

皇帝はムガル貴族の腐敗を知っていながらどうしようもなかった。皇帝としては自らムスリムの模範としてのきびしい生活を送ることによりこの腐敗を除去したかったのかもしれないが、事態は少しもよい方向へ動かなかった。デカン派遣軍の貴族は、なるべく戦わないでぶらぶらして戦時割増金にありついた。兵士たちは給料が払ってもらえなくてストライキを行なった。巨大な帝国、厳格な宗教の中身は空洞化していたのである。

❖ 各地の平定

アウラングゼーブの五〇年に及ぶ治世は二つの部分に分けられる。前半は彼は北インドにあり、国政の全般にたずさわっていた。後半彼はデカンに行き、この地でマラータ族のはげしい抵抗にあい、これを処理するのに苦心し、疲れきってしまった。そしてデカンからの帰途に彼が死んでからは、帝国は分解していき、ムガル朝とは名のみの存在となっていくのである。アウラングゼーブの時代にも、無数の小反乱が帝国各地で起こっている。ムガル時代を通じて小反乱は絶え間がなかったといえる。しかし、ここでは大きな事件だけを取りあげて記そう。

初期の作戦にアッサム侵略があった。一六六〇年、アウラングゼーブはミール＝ジュムラをベンガルの総督に任じた。ミール＝ジュムラはクーチ＝ビハールを占領し、六二年にはアッサム深く作戦をし、アーホム王国の首都を占領し、アーホム王と有利な和約を結んでのち軍を引いた。

そのほかにベンガル湾の海賊退治がある。

ベンガル湾に面して帝国の東端にアラカン王国という独立国があり、その他の住民は海賊をもって知られ、そのためにベンガル湾の航海の安全はおびやかされていた。その上、ポルトガル人の残党がこのあたりを根拠地としてフェリンギーと呼ばれる海賊団を形成し、アラカン王国と同盟していた。これを平定する命令を受けたのは、シャーイースタ＝カーンであった。シャーイースタ＝カーンはベンガルの知事となると船を三〇〇隻以上つくり、一年のあいだ遠征の準備をした。海賊の側では内輪もめが起こり、ポルトガル人がアラカン王をきらってムガル側に寝返ってきた。こうして一六六六年ムガル軍は陸と海からチッタゴンに接近し、アラカン王の海軍を破ってチッタゴンを占領した。

次に西北地域、ペシャワルとカーブルのあいだで騒動が起きた。この地方の部族民は二度にわたってムガルの権威に反抗し、帝国軍に何度も苦杯をなめさせ、この地方の治安を混乱させた。

❖ヒンドゥー教を圧迫

アウラングゼーブはインドの町々で偶像破壊、ヒンドゥー教の神に対する攻撃、ヒンドゥー教徒に対する経済的圧迫を行なった。彼はヴァーラーナーシーのヴィシュヴァナート寺院を破壊し　そのあとにイスラームの礼拝堂を建てた。マトゥラのケーシャヴァーライ寺院も破壊され、アンベルの寺院も破壊された。ヒンドゥー教徒は徴税官となることができなくなった。関税、すなわち物品入市税は、ムスリムに対しては価格の二・五％、ヒンドゥー教徒に対しては五％かけられていたが、ムスリムのほうは免税となり、ヒンドゥー教徒のほうはそのままであった。また、アウラングゼーブはヒンドゥー教徒に対して人頭税ジズヤをかけることにした。ラージプート族も例外ではなかった。そこで、マルワルおよびメワールの有力な二つのヒンドゥー教王侯の怒りを買うことになった。さらにいけないことには、アウラングゼーブは、土侯国を帝領として国家財政を助けようとくわだてたのである。

❖ラージプート諸侯の離反

マルワルのラートール＝ラージプート族が反乱するに至るには次のような経過があった。一六七八年マルワルのマハーラージャ＝ジャスワント＝シングはカイバル峠で戦死し、戦死のとき、子がなかった。アウラングゼーブはマルワルを皇帝直轄領としようとし、官吏をこの地に派遣して統治にあたらせた。つづいて皇帝は三五〇万ルピーの賄賂を取ってジャスワント＝シングの遠縁に当たる者にこの地を与えようとしたのであった。ところが一六七九年ジャスワント＝シングの未亡人は男児を出産した。この子アジート＝シングをムガルの後宮に入れてイスラームの教育をなすべき皇帝の命令が発せられたが、ラートール族の武人たちはこの子を奪ってマルワルに脱走した。追跡がおくれたため、この子は無事にマルワルに到着した。そこでアウラングゼーブは、ラートール＝ラージプート族を討伐するために、アジメールを本営として、第四子ムハンマド＝アクバル王子に軍を統率せしめて攻撃させた。ラートール族はゲリラ戦術で戦った。ムガル軍は都市を占領し、寺を破壊した。ラートールの王族は、メワールのラーナーのもとへ避難した。

こうしてラーナーとの戦いもはじまるのである。さきにラーナー家の一人の娘をアウラングゼーブが後宮に入れたいと希望したことがあった。ラーナー＝ラージ＝シングはこの要望をはねつけ、ムガル側の護衛兵を殺害した。さらに、ラージプート族から人頭税を取る決定に対してラーナーは抗議をした。その上、ムガル軍に攻撃されたマルワルの王族を保護した。そこでアウラングゼーブはメワールに侵入し、首都ウダイプルを占領し破壊し、また低地の農業地帯を荒廃に帰せしめた。セソディア部族は山岳地域に退いて抗戦をつづけた。アウラングゼーブは第三子アザム、第四子アクバルの両王子に大軍を与えメワールに侵入したが効果はなく、その上、アクバル王子がラージプート側と同盟して寝返り、父に対して反乱を起こしてしまった。アクバルは父帝のラージプート族を敵とする政策は帝国にとって危険であると考えていたのである。

アクバル王子は父帝を奇襲する策略を考え、この計略はほとんど成功するかにみえたが、失敗し、アクバル王子は少数の兵力とともにラートール部族によってかくまわれることになった。

❖アクバル王子の手紙

このアクバル王子が父帝にあてて書いた挑発的書簡がロンドン王立アジア学会図書館にあり、アウラングゼーブの研究家ジャドゥナート＝サルカールはこれを英訳し、「アウラングゼーブの復讐神《ネメシス》」と題して発表した。この手紙はアウラングゼーブ期のムガル貴族の退廃をよくえぐって描いていて面白い。

その内容は、父帝に対してきわめて挑戦的なもので、まず、後継者としての王子たちの平等な権利をふみにじって長子シャー＝アーラム王子を世継ぎにしたことを責め、つづいて歴代のムガル皇帝に忠勇に仕えてきたラージプート族を圧迫してついに反乱させてしまったことの愚を嘲笑する。そして、このセソディア部族およびラートール部族ラージプートの反乱を鎮圧せんとする皇帝・大臣・大官の努力が少しも効果を収めていないことを挙げ、つづいていう。

陛下の御治世に、大臣たちは無力、貴族たちは不信、兵士たちは惨澹《さんたん》たるありさまで貧困、文人には仕事がなく、商人には財産がなく、農夫はふみにじられているありさまを見れば、どうしてかくあらざることがありえましょうや。

同じく、広き国、地上の楽園なるデカンの王国は荒廃し破滅し、陛下のおん名に輝くアウランガーバードの町は敵軍の衝撃・毀損《きそん》に破壊・掠奪せられております。ヒンドゥー諸族に対しても二つの災厄が降っております。一つは都市における人頭税（ジズヤ）の強制であり、いま一つは地方における敵軍（皇帝軍）の圧制であります。かくのごとき苦悩があらゆる面から人民の頭に落ちかかってくるとき、彼らが為政者を拝し感謝しないことがありえましょうや？（反語）。古き家柄に属する高い素性、純なる血統の人びとは消え去り、陛下の政府の部局および国務の諮問は、機織人・石鹸売り・洋服屋のごとき職人や低級なやつら、悪漢どもの手中にあります。これらの連中は腕に詐欺の広い外套をつけ、ぺテンとイカサマの罠《わな》を手に持ち、舌の先で伝承や宗教的格言をころがしております。陛下はこれらの思い上り者・顧問官・仲間たちを、あたかも天使ガブリエルかミカエルでもあるかのごとく扱いたまい、御自らを頼りなくも彼らの管理下においておられます。これらの者どもは小麦を示して大麦を売り、かくのごときやり口で草を山のごとく見せ、山を草のごとく見せております。

（詩）

聖なる勇者アーラムギールの治世に、
石鹸《せっけん》売りがサードルやカージになった。
機織人《はたおりにん》たちは、さかもりで、
王は親友だよと自慢している。
低級なやつらが大した力を得て、
教養ある人びとは彼らの門に救いを乞う。
学者でも得られない高い地位が、
馬鹿者の得るところとなった。
ロバがアラブ種の軍馬を蹴飛ばすこの災難の時代から、
神よわれらを守りたまえ。

至高の為政者が足をからまわりさせているあいだに、
正義は伝説の鳥のようにまれなものとなってしまった。国の書記・将校は商人の習慣を身につけ、地位を金で買い、また恥ずべき報酬に地位を売っております。塩を食ってしまう者は塩商人を破滅させる者。国家の宮廷が破裂する日は近からんとしております。
私はかくのごとき現状を見、陛下の性質が改められる可能性のないことを知り、王者としての精神が私を駆ってヒンドゥスタンの国土からいばらや雑草をとりのぞき、学識教養ある人びとをのぼせ……

アクバル王子はこのように述べて、自分の父帝に対する反逆を正当化したのであった。

❖マヌッチの記述

このアクバル王子の表現はけっして誇張されたものではない。アウラングゼーブ帝の時代を通じてインドに生活したイタリア人旅行家ニコロ＝マヌッチは、その『ストリア-ド-モゴール』のなかで次のように記している。

友なく、利益なしでは、何もできないということは、全インドに確立された習慣である。与えたり受け取ったりすることはあたりまえのことなので、宦官《かんがん》や王子がだれか将軍・将校に対する君寵として国王に何事かをねだるときには、王は必ずいくら受け取ったかと尋ねる。……そこである日、フィダーエ=カーンなる者がイラヴァス（アラーハーバード）から宮廷にもどり、彼はジャファル=カーンと仲が悪かったので、王に就職志望の将校を紹介しながらいった。

「このつまらぬことは、ジャファル=カーンにかかりますと一万二〇〇〇ルピーかかります」。王はあまりにも公然の非難に怒った。

王または王の名において将校が、歩・騎の兵士を募集したときには、大騒ぎする必要はない。一度に一〇〇〇人もの人が応募し、そのなかからもっともよい者が選ばれる。

検閲の日には彼らは従者に兵士としての服装をさせてこれらの馬に乗せ、兵士として通用させ、これらの人間が得る給与の利益にありついた。帝国のあらゆる地域に、万事について目を注ぐ、またはすくなくとも注ぐべき任務の将校がいることはいる。だが、宮廷から遠く、彼らは、忠良な臣下がなすべきようには義務をつくさない。利害関係ある人びとからその目的をもっておくられた贈物のために職務をおこたるのである。

将軍・将校は兵士に給与するためにきめられた法律に従わない。……通常彼らは莫大な約束をするのだが、半分も与えない。……哀れな兵士は当然どんなことにでも従う。彼らは他の生きてゆく道を持たないから、まことにたやすく従う。

今日、たくさんの同様な事件があるが、それは政府の無秩序によるものであり、あらゆる人のただ一つの考えは盗むことである。

しかし何事が起ころうとも、ほとんど王の耳に達することはない。……彼（王）は、大臣たちが罰も受けずに遂行している不正・悪政を止めることができない。

私がこれまで述べてきたことから、ムガル帝国の政治は一つの巨大な無秩序以外の何物でもないことがわかるだろう。

これに加えて、不始末をするのはムガル将校だけではない、皇子自身しばしば約束を守らない……それにもかかわらず、現在のムガル帝（アウラングゼーブ）自身が自分や他人の言葉を守らず、自分自身のファルマーン（命令書）を嘲笑することがしばしばある。

王子たちに対して皇帝はつねに油断のない目を見張っており、……。かつて、万事を報告させるために養っておくスパイのほかに、彼が自身で微行《びこう》でシャー＝アーラム王子の邸に事情を探るために夜出かけたのは、このためである。

いっぽう、王子も父帝の動きや計略を察知して自ら機知を働かせた。王子は父帝が計画したことすべてを報告するスパイを持っていた。ある晩、次のことが起こった。非常に月が明るく、王子は愛人である数人の婦人たちと遊んでいた。スパイが来て父王がやって来ると報じた。聞くやいやな彼は急ぎ立ち上り、婦人たちを他の場所にかくして一室に行っていつものように「コーラン」を読みはじめた。アウラングゼーブがはいってきて、シャー＝アーラム王子がかく従事しているのを見ていった。「お前がしていることは季節に向かない、今は『コーラン』を読むより歓楽したくなるものじゃ」。

しかし、私の経験によれば、今日宮廷においても帝国のどの地域においても正義というものは存在しない。だれでもどうやって掠奪するか以外のものごとを考えない。また、王も救済の策を講じえない。

ニコロ＝マヌッチはこのようにムガル帝国の腐敗をえがきだし、ムガル帝国を征服するにはヨーロッパの騎兵三万をもって足りると書いている。

❖アウラングゼーブのデカン遠征

さて、アクバル王子は、父帝アウラングゼーブに反逆したあと、ラートール族のもとを去ってデカンにはいり、デカンのマラータ族の王サムバージーに迎え入れられた。

デカン半島の西部には、アフマドナガル王国の滅亡後、その地域にシヴァージーというマラータ族の指導者が現われ、シヴァージーは北のムガル帝国と争ったり、南のビージャープル王国と争ったりしながら、小さなヒンドゥー教王国をつくり、農民出身の兵のゲリラ戦に依拠しながらこの王国を発展させていった。シヴァージーの死後、サムバージーが王位を継ぎ、ムガル王室のアクバル王子を保護したのである。

そこで、アウラングゼーブ帝は自身、デカンに出陣することにし、一六八一年デカンに到着した。

サムバージーは、ムガル領とビージャープル領の区別なく侵略していた。しかし、南方のビージャープル王国も、東南のゴルコンダ王国も、ムガル側についてサムバージーを討伐しようとはしなかった。サムバージーの存在は、両王国にとってムガルに対する防壁の役割を果たしていたのである。

❖ビージャープルとゴルコンダの滅亡

そこで、アウラングゼーブ帝は、サムバージーのうしろだてになっているビージャープルとゴルコンダの両王国を滅ぼすことにした。一六八五年四月、ビージャープル城の包囲がはじめられた。一六八五年一〇月にはゴルコンダ王国の首都ハイデラーバードがムガル軍によって占領され、国王アブル＝ハサンはゴルコンダ城に退いた。一六八六年九月、ビージャープル城は開城し、国王シカンダルはダウラターバードの要塞に送られ、ビージャープル王国は滅びた。一六八七年ゴルコンダ城も陥落し、国王アブル＝ハサンはダウラターバードの要塞に送られ、ゴルコンダ王国は滅びた。

❖マラータ族の抵抗

ビージャープルおよびゴルコンダが包囲されているあいだ、マラータ族の王サムバージーはムガル軍の補給線をおびやかしつづけていた。しかし一六八九年、サムバージーは、帝王軍が来ないものと油断してサンガメシュワールの地で遊楽にふけっているところを急襲され、補えられた。サムバージーはイスラームへの改宗を拒否し、コーランを罵倒し、舌を抜かれ、両眼をくり抜かれた後、殺され、肉は犬に与えられた。

サムバージーの死後、マラータのライガルの城が陥落し、サムバージーの子で七歳のサーフーをはじめとして王室の人びとがムガルの捕虜となった。サーフーはムガルの宮中において養育され、他日ムガルの傀儡《かいらい》王とされることとなった。

サムバージーの死後、その義兄弟ラージャ＝ラームがマラータ族の指導者となった。しかし実際には王の指導権は弱く、マラータ族の諸君長がムガル軍に敵意を持つ農民たちの支持を得て、ムガルに対する抵抗を続行した。弱いマラータが強いムガルに対抗しえたのは、一つにはマラータ族のたたかいが国土防衛戦争であったからであり、いま一つにはムガル軍が腐敗しきっていたからである。ズルフィカル＝カーンは七年間ジンジー城の包囲攻撃を引きのばし、どうしても総攻撃しなければならなくなると城内に通信して主要な将校を逃がしてしまった。

マラータ軍はいくつもの集団に分かれて巧妙に移動しては、ムガル軍の小部隊を破り、補給線を切断した。一六九四年から九七年にかけて無数の小戦闘が行なわれたが、皇帝軍が勝った例は少なかった。

アウラングゼーブは、あくまでも正規戦に固執した。彼はマラータ族の城をすべて奪取することによって事を解決しようとして、自身戦野に出て、一六九九年から一七〇五年までの城攻めを指揮した。サターラ、パールリ、パンハーラ、ケルナ、シンガル、ライガル、トマ等の要塞がつぎつぎと落ちたが、その大部は強襲によってではなく、守将に賄賂を贈ることによって手に入れることができたのである。

だが、マラータ族の神出鬼没は変わらなかった。アウラングゼーブの晩年には、マラータ軍は遠くベラール、グジャラートまで現われるようになった。

一七〇三年、アウラングゼーブは、サムバージーの子サーフーを釈放してマラータに傀儡政権をたてた。サーフーはサラータに住んだが、この見えすいた政略はマラータ諸君長を動かすことはできなかった。

約二五年間アウラングゼーブはデカンの平定に心を砕いたが、その結果は失敗であった。

❖北インドへの退陣

アウラングゼーブの健康は衰えていった。一七〇五年、アウラングゼーブは、ゆるゆると北インドへの退陣をはじめ、アフマドナガルに退いた。一七〇七年三月二日、朝礼のあと意識を失い、やがて死んだ。彼自身の手製の帽子を売って得た四ルピー二アンナが屍衣のために費やされた。アウラングゼーブがコーランを筆写してそれを部下に売って得た三〇五ルピーは貧しい聖者たちに与えられることになった。彼の死体はダウラターバードに埋められた。

❖絶望の遺書

彼の熱烈なスンニ派ムスリムとしての生涯、自らの生活を質素に切りつめた努力は、危機におちいった帝国をもっぱら自己一人の道徳実践で支えようとする悲願から発したものであったろうが、そのあげくに死に際しての、王子たちにあてた最後の手紙は絶望感にみちていた。

朕《ちん》は自分がいかなる人間であるかを知らず、また今後どこに行くかを知らず、また罪にみちたこの罪人に何が起こるかも知らぬ。今朕はこの世に残る者みなに告別を述べ、ものみなを神の御心にまかす。わが名誉あり、多幸なる王子たちは互いに争うことを止めねばならぬ。神の僕《しもべ》である人民を殺傷することは許されぬ。……わが生涯はむなしく過ぎ去った。神はわが心中にあったが、しかもわが盲《めし》いた眼はその光を認めることができなかった。……私は未来になんらの希望をも持たない。狂熱は過ぎ去って、ただなきがらのみが残されている。……軍隊には秩序なく、中心もなく、援助もなきことは、まさしく現在の朕の心境と同様である。神を離れて心の憩《いこ》うべき所はない。……朕自らのうちに希望を失えるときに、どうして他に希望を求め得られようか。……汝《なんじ》らはわが最後の遺志に叛いてはならぬ。ムスリムが殺害され、彼らの死の怨恨がこの世に無用なる生物（自分自身のこと）の上にとどまることがあってはならない。……朕は限りなき罪を犯して、いかなる呵責《かしゃく》が待っているかも知らぬ。……朕は汝と汝の子孫を神の御心にまかせ、さらばを告げる。……神の平安汝らの上にあれ」（『オックスフォード＝インド史』による）。

❖アウラングゼーブ後のムガル帝国

アウラングゼーブの死後、帝国の統制は急激に衰え、一七二四年アーサフ＝ジャーはデカンに独立し、同年サアーダト＝カーンはオウドに自立し、四〇年ベンガルのナワーブ、アリーヴァルディー＝カーンも帝国から離脱した。マラータ族もまた急速にその地歩を固め、三七年には早くもデリーの城門に面して陣を張るにいたり、西方ペルシャよりするナーディル＝シャーの侵寇《しんこう》も三九年デリーの掠奪をほしいままにした。アウラングゼーブ以後皇帝は権臣の擁立するところとなってその規模は縮小し、アフガンよりの侵入者アフマッド=ドゥラーニーや南方よりするマラータ勢力の威圧にひざを屈し、さらにイギリス東インド会社の掌中に帰するに至った。最後の皇帝バハードゥール=シャー二世は、一八五七年シパーヒーの反乱に擁せられてイギリス軍に捕えられ、国事犯としてビルマ（現ミャンマー）のラングーン（現ヤンゴン）に送られ、獄中に死し、ムガル帝国は名実ともに滅亡した。

V

ムガルの社会

ヒンドゥー教徒

❖フランソワ＝ベルニエ

一七世紀後半のインドを旅行したヨーロッパ人のなかに、フランソワ＝ベルニエという人がいる。

ベルニエは一六二〇年、フランスのアンジューに農民の子として生まれ、モンペリエ大学で医学をおさめ、一六五二年博士号を受けた。彼はパリでフランスの近代思想を代表する詩人や、法学者らと交わった。当時のフランス-ブルジョアジーの第一線を行く思考と感覚を身につけていたのである。彼は旅行家として同様、哲学者としても独自な位置を持つに至っている。彼の哲学の師はガッサンディーであり、ガッサンディーは地動説の祖コペルニクスの伝記をはじめて書いた人であった。ベルニエの思考は、わずらわしい中世人の哲学とは無縁のほがらかなもので、当時のフランスに新しく生まれつつあった知識人の型をもっており、アジアでの旅行を通じてもヨーロッパの触手としての役割を十分果たすことになるのである。

彼は一六五四年パレスタイン、シリアを訪れ、五六年にはエジプトを通って五八〜五九年のあいだにスラトに上陸した。当時戦われていたシャー=ジャハーン治世末期の王位継承戦は、彼をも巻きこみ、デオライの戦闘に敗れて逃走中のダーラー=シコー王子の侍医となることを強要された。彼はしばらく王子と行をともにした後、一六六三年にはデリーにあり、一六六五年、アウラングゼーブに従ってラホールからカシュミールにおもむき、ついで同国人である旅行家タヴェルニエといっしょにベンガルに向かい、ラージ=マハールでタヴェルニエと別れてからデカンのゴルコンダに一六六七年まで滞在、おそらくこの年のはじめにスラトから乗船したものと思われる。その年の末、ペルシャのシーラーズにあり、一六六九年にはマルセイユから手紙を出している。彼の旅行記の出版は一六七〇年四月二五日付でルイ一四世の允許《いんきょ》を得、七〇年・七一年に計四冊公刊された。

フランスに帰国後のベルニエは、いくつかの哲学作品をも出し、八五年イギリスに遊び、八八年パリに亡くなった。

ベルニエの観察は鋭かったので、リカードーもこれを材料として使い、マルクスやエンゲルスもアジア社会を検討するに当たってベルニエの記述を参照している。

ベルニエが一六六七年一〇月四日付でペルシャのシーラーズからパリの詩人シャプレーンあ

太陽神の祭に集まる巡礼

てに出した手紙は、インドにおける異教徒（ヒンドゥー教徒）の当時のありさまを伝える史料として貴重である。ムガル王朝では、史書のほとんどが支配者の動きに焦点を合わせてペルシャ語で書かれており、当時支配されていた大衆はムガル史書にはほとんどあらわれてこないからである。以下、この手紙の要点を略述してみよう。

❖デリーの日蝕

私（ベルニエ、以下同じ）はこれまで二回日蝕《にっしょく》を見たが、その印象を私はほとんど忘れることができない。一回目は一六五四年にフランスで、二回目は一六六六年にインドのデリーで見た。最初の日蝕のときには、フランスの人びとの子どもじみた盲信、根拠のない不合理な驚きに印象づけられた。彼らの驚きは大変なもので、ある者は日蝕から身を守るためにと薬を持ち出し、ある者は部屋に閉じこもってしまい、何千もの人びとが教会に群をなした。ある者はおそろしい何事かが起こるかと思い、ある者はこの世の終わりが近いと思い、日蝕が世界の基礎をゆるがすように思った。われわれの天文学者や哲学者が日蝕は害を及ぼさないあたりまえの現象なのだと説明しているにもかかわらず、田舎の人びとは不合理な考えを持っているのである。

一六六六年の日蝕でも、私はこっけいな誤りとインド人の奇妙な迷信に印象づけられた。日蝕のはじまる時間に、私はジャムナ川のほとりにある私の家のテラスに位置を占めた。川の両岸を見ると、ほとんど一リーグの長さにわたって、異教徒すなわち偶像崇拝者たちが群がっており、彼らは水のなかに腰までつかり、目を空に見すえ、日蝕のはじまる瞬間に水にもぐって沐浴《もくよく》をしようとして日蝕の開始を見つめていた。少年や少女たちはまったくはだかであり、男は腰のまわりに布を巻いているほかは何もつけていない。また、結婚した女性や六つや七つの少女たちは一枚の布ぎれでからだをおおっていた。ラージャやセラーフすなわち金貸し、銀行家、宝石商などの豊かな商人たちは、家族といっしょに川の向こうがわから渡って来て、水中に天幕を張り、そのなかで彼らとその妻たちは人に見られずに沐浴をしたり、日常のお祈りをしたりするのであった。これらの偶像崇拝者たちは、太陽がかげり出したのを見るやいなや、みな大声をあげて叫び、からだ全体を何度もすみやかに水中に入れ、そのあと川のなかに立って目と腕を太陽のほうにあげ、熱狂的な様子で祈りの言葉を発し、しばしば手で水をすくっては太陽の方向に投げ、頭を非常に低く垂れ、腕と手とをあちらの方向、こちらの方向へと動かすのであった。迷信深い人びとは、水にもぐり、つぶやき、祈り、馬鹿げた行為を日蝕の終わりまでつづけるのだった。帰るにあたって、彼らは銀の小片をジャムナ川に遠く投げ、この不合理な祭りのときにいないわけがないブラーフマンたちに施《ほどこ》し物を与えるのだった。私が観察したところでは、だれしもが水からあがるとき、前もって砂の上に置いておいた新しい着物に着がえるのだった。もっとも信仰深い数人の者は、古い着物をブラーフマンへの贈物として残しておくのだった。

このようにして、私は巨大な日蝕祭りの行為を私の家の屋上から観察したのである。このような祭りは同じような様子でインダス川、ガンガ川および他の川や池で行なわれる。とくにターネスワルにおいて行なわれるものは、帝国のすべての地域から集まった一五万人以上の人を集める。そこの水は、日蝕の日には他のどこの水よりも聖なるものと考えられている。

大ムガル皇帝は、ムスリムではあるが、ヒンドゥー教徒の信仰の自由な表明を抑圧しようとせず、またはあえて抑圧することができず、これらの古い、迷信的慣行を許している。しかし私が述べた儀式は、何人かのブラーフマンが信徒の代表として王に約五万クラウンに相当する一〇万ルピーの贈物をするまでは許されていなかった。この贈物に対して王は二、三枚の着物と一頭の年とった象を返したのであった。

祭に集まった巡礼

❖日蝕の説明

これから私は、日蝕の祭りや儀式のためにつけられた説明について述べよう。四つのヴェーダ文献が伝わっている。神自らがブラフマ神をなかだちとしてわれわれに与えた神聖な書物である。この本によれば、非常にたちの悪い、非常に暗く黒く不純できたない神が太陽をのっとってしまい、太陽を黒くしてインクのような色にしてしまうのである。非常に情深くて完全な性質のもう一つの神である太陽は、はなはだ不安定な状態になり、この悪くて黒い神の力におさえられて苦悩する。そして、このような哀れな状態から太陽を救う努力がすべての人の義務になる。この重要な仕事は、ただ祈りや沐浴や施し物によってのみ、なしとげられる。これらの行為は日蝕の祭りの期間には非常に価値があり、そのときの施し物は、他のどんなときの施し物よりも一〇〇倍も価値があるのである。

この日蝕のことから、自然に私は不幸な異教徒たちの野蛮なひどい習慣について記述することになる。

❖狂信者の自殺

ベンガル湾に臨むジャガンナートの町にはジャガンナートという名の偶像を祭る有名な寺院があり、私の記憶に誤りがなければ八日か九日つづく毎年の祭りが行なわれる。この祭りには信じがたいほどの人の群れが集まる。私が聞いたところでは、数は、時に一五万人をこえる。インドの他の場所で私が見たと同じように、立派な木製の構造物が作られ、怪物にも似た半人半獣の、二つの頭を持ち恐ろしい顔をしたものや、猿や悪魔などの無数の怪奇な像がのせられる。この構造物は、砲車のように、一四か一六の車の上にすえつけられ、五〇人か六〇人の人の力で引っ張られるか、押されるかする。ジャガンナートの偶像が、なかでも目立って中央に置かれ、いろいろと飾られているが、この車は、一つの寺から他の寺へと動かされる。

この偶然が正式に寺で展示される最終の日には、大変な群衆が集まり、押し合いがひどいので、遠い所から来たために疲れはてている巡礼者の何人かは死んでしまう。まわりの人だかりは彼らを非常に祝福し、それほど遠くの道を歩いたあとこのような聖なる時に死んだ彼らを非常に恵まれた者と思うのである。そして、この呪うべき山車《だし》がおごそかに動くとき、――これは作り話ではないのだ――盲信的で野蛮な考えを持った人びとは、自分の身を車の通る道に投げ出し、車はその上を通ってあわれな狂信者をばらばらに砕いてしまうが、観衆は怖れも驚きも示さない。彼らの評価によれば、このような自己犠牲よりも英雄的で価値のある行為はないのである。犠牲者は、ジャガンナートが自分を子として受け入れ、幸福で威厳のある来世を与えるであろうと信じているのである。

❖悪党ブラーフマン

ブラーフマンたちは、これらのひどい誤りや迷信――それらによって彼らは富と影響力を得ているのだが――を力づけ、はげましている。重要な神の秘事にかかわって清められた者として、彼らは一般の人びとから尊敬を受けており、人びとの施し物で豊かである。彼らのいんちきやぺてんはひどいものである。これらの悪党は美しい少女を選んでジャガンナートの花嫁にする。彼女は飾り立てられて神に従って寺へ行く。そこで彼女は、ジャガンナートが来て彼女と寝るということを信じさせられ、一晩じゅうそこに残る。その夜、このペテン師の一人が小さな裏口から寺院にはいり、この疑いを知らぬ婦人を享楽する。そして次の朝、彼女がジャガンナート神といっしょに山車《だし》に乗ってもう一つの寺に移るとき、彼女はブラーフマンから前夜肉欲的な説教者から聞いたことを、全部ジャガンナートの口から出た言葉のように大声で人びとに告げるよう要求されるのである。

だが、もう一つの馬鹿げたことを話そう。山車《だし》の前や、ヒンドゥー教の寺院のなかで、公娼たちが祭りの期間踊り、下品な風に身を投げ出したりしている。ブラーフマンはこのありさまをその国の宗教とまったく合致していると考えている。私は知っているが、そのうちの美しく品行のよい女性は、ムスリムやキリスト教徒や、またヒンドゥー教徒の外人からの貴重な贈物を拒否するのである。そのわけは、彼女らが自分自身を寺院の聖職者、ブラーフマン、苦行者に捧げられていると思っているからである。この苦行者の連中は、いやらしい髪の毛をして、まったく裸体で寺院のまわりに灰の上に坐っているのである。

❖殉死の習慣

婦人が自ら焼け死ぬことについて言われていることは、たくさんの旅行者によって確認されているので、私はこの悲しい事実について人びとが懐疑的ではなくなってきていると思う。たしかに、それについての記述は誇張されている。犠牲者の数も、今は前よりも少ない。この国を支配しているムスリムたちは、この野蛮な風習をおさえつけるために全力をつくしている。支配者よりも数の上ではるかに多い偶像崇拝者に自由にその信仰を行なわせるようにすることは、支配者の政策の一部だから、支配者は法律でそれを禁じるようなことはしない。しかし、慣習は間接的な方法でおさえられている。どのような婦人でも、彼女が住むところの州の知事の許可なしには自らを犠牲にすることはできない。そして知事はその婦人の意志が変えられないものだと確認するまではけっして許可を出さない。望ましい目的を達するために知事はその未亡人を説得し、彼女の気持ちを鎮める約束事をする。この方法が失敗すると知事は、しばしば彼女を自分の婦人たちのところに送り、忠告の効果について調べる。これらの障害にもかかわらず、何人かの殉死者が出ることは十分考えられる。とくにムスリムの知事のいないラージャの国土においてそうである。葬儀の薪の上で死ぬのを私が見た一人一人の婦人の話であなたを飽きさせないために、私は自分の見たショックを与える光景の二つか三つだけ述べよう。私があなたに語る最初の例は、ある婦人についてであり、彼女がおそろしいことを耐えることから彼女を引き離そうとして私が彼女のもとに送られた事件である。

サティーの記念碑
夫に先だたれた妻が亡夫の火葬の火に自らはいって殉死するという。

❖一つの事件

私が仕えたダーニシュマンド＝カーンの書記のベニダースという私の友人が熱病にかかって死んでしまった。その熱病のために私は二年以上彼を治療したのだったが、そして彼の妻はただちに夫の死体とともに焼け死ぬ決心をした。彼女の友人たちが私の主人に仕えていて、主人からそんなに狂言的な行為をやめさせるように言われていた。彼らはその未亡人に、家族の幸福と名誉にかかわる立派な決心をしているがなお子どもが幼いことを考えるように、だとか、死んだ主人の記憶に忠実である以上に子どもたちの幸福を考えるべきだ、などと述べた。だが、その狂信者は彼らの説得に従おうとしなかった。そこで、私が主人の命令のようにして、またその家族の前からの友人としての資格でその未亡人を訪問するよう要求された。私はそれに応じてその部屋に行くと、七、八人の鬼婆のあつまりと、四、五人の興奮して荒々しい年とったブラーフマンが死体のまわりに立っており、彼らはかわりばんこに恐ろしい声を発したり、力を入れて手を叩いたりしていた。未亡人は死んだ夫の足もとに坐っていた。髪の毛は乱れ、顔は青白かったが、目に涙はなかった。彼女がほかの人たちのように大声をあげ手をうちたたくときにはその目は生き生きと光っていた。叫び声がしずまったので、私はその地獄の集団に近づき、おだやかな調子でその婦人に語りかけた。「私はダーニシュマンド＝カーンの望みであなたにお伝えしに来ました。子どもたちの面倒を見たり教育をしたりするために必要なあなたの生命をあなたが壊さなければ、ダーニシュマンド＝カーンはあなたの二人の子どものそれぞれに毎月二クラウンずつの扶助料を出します。われわれには、あなたが薪の上に登るのを止める方法があります。またこれほど非理性的な決心をあなたに煽《あお》った者どもを罰することもできます。あなたの親類はみな、あなたの子どもたちのためにあなたが生きることを望んでいます。そして、あなたは、死んだ夫とともに焼け死ぬ勇気を持たない子なしの未亡人ほど不名誉をこうむるわけではないでしょう」。私はこのような論議を数回くりかえしたが答は得られなかった。しかし、最後に決心した顔つきで彼女は言った。「もし私が焼け死ぬのを妨げられるなら、私は壁に頭をぶつけて死んでみせる」。なんという悪魔のような考えが汝《なんじ》に取りついたことか、と私は思った。心からの怒りを感じて私は答えた。「それならそうしなさい。しかし、最初にあなたの子どもをつかまえてのどをかき切り、薪の上でいっしょに死になさい、あわれなわきまえない婦人よ。そうしなければあなたは子供たちを餓え死にさせることになるでしょう。なぜなら私はすぐにダーニシュマンド＝カーンの所に帰って扶助料を取り消しにしますから」。この大声で断乎とした声で語られたこれらの言葉は、期待していた印象を発した。一言も言わずに彼女の頭はとつぜんひざの上にくずれ、老婆やブラーフマンの大部分は扉の方ににじり寄り、部屋を立ち去った。私は今や未亡人を私といっしょに来た彼女の友人の手に残しても安全だと思ったので、馬に乗って家に帰った。夕方、ダーニシュマンド＝カーンに私がしたことを報告しに行く途中で、私は彼女の親類に会った。その人は私に感謝し、そして、死体は未亡人なしで焼かれた、未亡人は自殺しないと約束した、と語った。

実際に自ら焼け死んだ婦人については、私はあの心をゆさぶる光景を非常にたくさん見たので、私はこれ以上見たくないし、そのことを回想するときに恐れの気持ちなしではいられない。それにもかかわらず、私は私の目の前を通り過ぎていったことなどを書く努力をしよう。

❖焼け死ぬ光景

アフメダーバードからアーグラへ旅行していたとき、ラージャの領土を通ったことがあった。夕方の涼しさが訪れるまで隊商がバニヤンの木のかげで休んでいたとき、一人の未亡人が夫の死体といっしょに自ら焼け死のうとしているところだという情報に私たちは接した。私はすぐにその地点へと走った。そして、大きなほとんど乾いた池のほとりへ行った。底には深い穴があり、薪でいっぱいになっていた。死んだ男のからだがその上に伸ばされていた。同じ薪の上に一人の婦人が坐っていた。そして四、五人のブラーフマンがその薪のあちこちに火をつけた。かなりよい服装をし、互いに手をつなぎあった五人の中年の婦人が、穴のまわりで歌ったり踊ったりしていた。そして男女のたくさんの見物人がいた。

薪は大量のバターや油がかけられていたので、間もなく炎に包まれた。そして婦人の着物にも火がついたのを私は見た。しかし私は犠牲者の表情に少しの苦痛も不安も見なかった。そして彼女は高らかに「五、二」と言ったということである。その言葉の意味は、彼女は同じ夫と焼けたのがこれで五回目であり、精神の輪廻《りんね》の法則によれば、あとただ二回同じような犠牲を行なえば彼女は完全なものとなるということであった。

しかし、これは、いまわしい悲劇のはじまりにしかすぎなかった。私は、歌い踊る五人の婦人は意味のない儀式だと思っていた。だから、これらの婦人の一人の着物に火がついたとき彼女はまっさかさまに我が身を穴のなかに投じたのを見たとき、私の驚きはたいへんなものだった。この恐ろしい例にならってもう一人の婦人もからだに火がつくと同様のことをした。残った三人の女たちは手をつなぎ合って、まったく平静に踊りつづけた。そして、しばらくの後、彼女らもまた一人、つづいて一人と火のなかに身を投げた。

私は間もなく、この複数の自己犠牲の意味を教えられた。五人の婦人たちは奴隷で、彼らの女主人が夫の病気のために深く苦悩したのを見たのであった。夫人は夫に生き残ることをしないと約束した。彼女たちは同情に動かされて、彼女たちの愛する女主人を滅ぼす同じ火で死ぬことを約束したのであった。

私が相談してみた多くの人びとは、愛情の過多が婦人の夫の死体とともに自ら焼け死ぬ理由であると言った。しかし、間もなく私は、この嫌悪すべき習慣は、幼いときからの根深い偏見の結果だということを発見した。少女はだれでも母親から、妻が自分の灰を夫の灰とまじえることは美徳であり、感心なことなのだ、と教えられる。そして名誉を持った婦人はだれでも、定まった習慣に従うことを拒絶しないのである。

❖もう一つの話

しかし、もう一つの恐ろしい光景について述べよう。それは私自身が見たのではないが、特異な性質のゆえにほかの例をさしおいて選んだのである。

ある婦人が服屋をしていてタンバリンの奏者である隣人の若いムスリムとひそかに恋をしていた。彼女はその若者が彼女と結婚することを望んで夫を毒殺した。それから彼女は恋人のところに走って行き、彼に自分がしたことを告げ、彼女を妻にするという約束の実行を迫り、前もって計画していたとおり犯行の場所からすぐに逃げ出そうと言った。「なぜなら、少しでも遅れると、私は夫の死体とともに我が身を焼く儀式の常識に強制的に従わされてしまうから」。若い男は、このような計画が自分を困難と危険に巻きこむだろうと見てとり、断乎として拒絶した。婦人は少しも心を動かされた様子もなく、すぐ彼女の親類のところに行き、とつぜん夫が死んだことを伝え、葬儀の薪の上で死ぬという固い決心を述べた。このような偉大な意志と、彼女が家族に与えるのであろう名誉に喜んで、彼女の友人たちは穴を掘り、それを薪で埋め、死体を積みあげた薪の上に置いて、火をつけた。これらの準備がととのってから、その婦人はちかしい人びとと抱き合い最後のさよならを言うために穴のまわりを回った。そこにいた人びとのなかには、この国の習慣によってタンバリンを奏するかの若い服屋が他の楽師たちといっしょに招かれて来ていたのであった。最後の、やさしいさよならを告げようとしているかのように彼女は恋人に近づいた。怒り狂った婦人は、その男のえり首をしっかりとつかまえ、抵抗できないほどの力で彼を穴のふちまで引っ張って行き、彼女の怒りの対象であるその男といっしょに、燃えさかる火のなかにまっさかさまに飛び込んだのである。

❖恐れを知らぬ狂信

私がペルシャに向けてスラトを発っときに、私はもう一人の未亡人が自ら焼けて犠牲となるのを見た。何人かのイギリス人やオランダ人、旅行家シャルダン氏もいっしょだった。彼女は中年で優美な人だった。あの荒々しい勇気、その表情の残忍で生き生きしているありさまなどを私の限られた筆でどう表現したらよいかわからない。彼女は恐れを知らぬ足どりで歩き、動揺の色なく人びとと話をし、からだを洗ってもらい、ほとんど気にかけないしっかりした目つきでわれわれを見、薪の上にしつらえられた小さな坐り場にはいり、死んだ夫の頭をひざの上にのせ、たいまつを取り上げて自分自身の手でなかから火をつけた。何人かのブラーフマンがいそがしげに外から火をつけていた。私がこの光景を見たときの感覚をそのまま述べることはできないし、絵にえがくこともできない。

❖非道なブラーフマン

しかし、これら不幸な未亡人たちのうちの何人かは、積みあげられた薪を前にして勇気がしなえることがあるのも事実である。彼らはもし情を知らぬブラーフマンが許したならば焼身の決意の取り消しをしたであろう。しかしこれらの悪魔どもは恐れている犠牲者をそそのかし、おどかし、そして時には彼女らを火のなかに突きとばすのである。私が見た一つの例では、哀れな若い婦人が五、六歩穴から後ずさりをしたが、前に突き出されたのがあった。もう一つ私の見た例では、火が彼女のからだのまわりに燃えさかり、哀れな女は薪の穴から逃れようと努力したが、かの極悪非道な死刑執行者の長い棒でさえぎられて逃げることができなかったのであった。

しかし、時には、殉死するべき未亡人が殺人者である説教師の監視からまぬがれることもある。私はしばしば、掃除人の保護のなかに逃げこんで命を全うした婦人の偶像崇拝者と話をしたことがある。掃除人たちは葬儀のときなどにかなりの数集まって来るのである。しかし、そのようにして我が身を救った婦人は幸福に暮らしたり、尊敬や愛情をもって扱われたりすることを希望することはできない。けっして彼女は異教徒たちといっしょに生活することはできない。インドの人は、どのようなときにも、どのような場合にも、かくも身を落とした者とまじわることはない。彼女はまったく名誉を失った者と考えられ、彼女の行為がこの国の宗教にもたらした不名誉のゆえに憎まれるのである。その結果、彼女はその後はつねに、身分低くいやしい保護者の虐待にさらされるのである。燃える薪に捧げられた婦人を救ってやろうとすることによっておこる結果を恐れないムガル貴族はいない。ブラーフマンの毒牙から逃れる婦人に避難所をあえて提供するようなムガル貴族もいない。しかし、多くの未亡人たちが、ポルトガル勢力の強い海港では、ポルトガル人によって救われている。

ラホールでは、一二歳以上ではない非常に美しい若い未亡人が犠牲になるのを私は見た。哀れなこの女性は、恐ろしい穴に近づくときには、生きているというより死んだようなありさまだった。彼女はふるえて、ひどく泣いた。しかし、三、四人のブラーフマンが一人の老婦人に助けられて腕をつかんで無理やりいやがる犠牲者を連れて行き、薪の上に坐らせ、彼女が逃げないように手と足をゆわえ、このようなありさまでかの罪なき婦人は生きながら焼かれたのである。

これらの怪物ども（ブラーフマン）の野蛮さや兇悪さについて、私はまだ十分述べていない。

インドのある部分では、夫よりあとに生き残るまいと決心した婦人を焼く代わりに、ブラーフマンは彼女らをだんだんと生きたまま土中に埋め、のどまで埋め、それから二、三人のブラーフマンがとつぜん犠牲者にとびかかって首をしめ、彼女が完全に窒息したあとで遺体に土をかけて頭の上まで埋めるのである。

❖臨終の儀式

この異教徒の大部分は死体を焼く。しかし、ある者は川岸で部分的に死体をあぶっただけで、死体を高いけわしい岸辺から水のなかにさかさまに投げ落とす。私はガンガ川の岸で何回かこのような葬儀に出会わせたが、鳥が死体のまわりを飛びまわっているのであった。死体は魚やワニと同様にこれらの鳥の餌にもなるのである。

ある人びとは病人が死にそうになると川岸へ運ぶ。そして足を水にひたし、徐々に首まで水につける。そして息を引きとると思われた瞬間、からだ全体を水のなかにひたしてそのままにしておき、手をはげしく叩き、はげしく泣き叫ぶ。この儀式の目的は、精神が肉体を離れるときに浄《きよ》めることである。この不合理な考えは庶民に限られたものではない。私は最高の学問の名声ある人から真剣な様子でこの考えの弁護を聞いたことがある。

たくさんの数の、そして無数の種類のファキールすなわち僧侶や聖人すなわちインドの異教徒の偽善者のうち、多くの者は僧院に住んでいる。その僧院は上級の者によって管理され、童貞、貧困、服従の誓いがされている。これらの連中の生活は非常に奇妙なので、私の記述が信用してはもらえないのではないかと思う。

❖いやらしいヨギー

私はいくぶんか、ヨギーすなわち神と一体となった者という連中について言及しよう。たくさんのヨギーたちが昼も夜もまっぱだかで灰の上に坐ったり横になったりしているのが見られる。彼らはしばしば池のほとりの大きな木の下にいたり、偶像崇拝者たちの寺の廊下にいたりする。ある者は髪の毛を足のふくらはぎのところまで垂らし、よじったり、もつれさせて結んだりしている。片手や両手を永遠に頭の上にあげているのを私は見たことがある。彼らの手の爪は曲っており、私の小指の半分よりも長い。不自然な姿勢を強いられているので彼らの腕には十分な栄養が行かず、死者の腕のように小さく細い。また腕を下げて口に食物を運ぶことができないので、筋肉が固まり、発音はがらがら声で固い。新帰依者がこれらの狂信者にはべって、あたかもはなはだ聖なる人に対するように最高の尊敬を捧げている。はだかの黒い肌をし、長い髪をし、ひねくれた腕を持ち、長い曲った爪をし、私が記したような姿勢をしているヨギーほどおそろしげなものはない。

ラージャの領内のことが多かったが、私はしばしば、見るのもいやなこれらのはだかのファキールたちの群れに会った。ある者は、私が記したように腕を上にあげ、ある者はいやらしい髪をゆるく垂らしたり頭のまわりに巻きつけたりしていた。ある者は棍棒を持ち、ある者は虎の毛を肩からかけていた。このようないでたちで彼らは恥ずかしげもなくまっぱだかで大きな町を歩く。男や女や少女は彼らを見ても、われわれの街路で行者が通行するのを見るときぐらいの感じしか持たない。婦人たちはしばしば深い崇敬の念とともに彼らに施し物を持ってくるが、それは、疑いなく、彼らが聖人であり、普通の人よりも純潔で思慮深いのだと信じているからである。

私は長いあいだ、サルメットという名の高名なファキールをきらっていた。その男はこの世に生まれ出たときと同じはだかの状態でデリーの街路を大っぴらに歩いていたのだった。彼はアウラングゼーブ皇帝の約束やおどかしを軽蔑し、ついに着物を着ることを頑固に拒否したために斬首の刑に処せられたのであった。

これらのファキールたちのうち何人かは長途の巡礼をする。そのいでたちは、はだかであるばかりでなく、象の脚につけるような重い鉄の鎖を負っている。ある者は特別の誓いを立てて七、八日のあいだ坐ったり横になったりすることなく直立している。同時に彼らの脚はももの太さほどにふくれている。ある者はずっと、頭を下に足を空中にあげてさかだちしている。私はこれらの不幸な者たちのいろいろな姿勢を列挙することができる。その姿勢の多くはきわめて困難で苦痛をともなうので、われわれの軽業師でもまねできない。そしてすべては、信心深さの気持ちからなされているのである。

❖この迷信をどう考えるか

インドに私が到着したとき、このどえらい迷信は私の心を驚きでみたした。私はこれをどのように考えてよいのかわからなかった。あるときは私は、ファキールたちを古代の犬儒学派の名残りかとも思ってみた。またあるときは彼らは迷わされた狂信者なのだが正直な人間なのだと思ってもみた。そしてついに、実は彼らは言葉の広い意味において信心など持っていないのだ、と私は発見した。また私は、遍歴し、怠惰な、他人にわずらわされない生活が強力な魅力なのだと考えてみた。また、人間の行動につねに結びついている虚栄心が秘密の原因だと思ってもみた。

ファキールたちは、来世にはラージャに生まれ変わるのだと確信して苦行をしているのだという。たとえラージャにならないとしても、これらの王侯が享楽しているよりも、もっと楽しみを得られる人生の条件に生まれかわるのだという。しかし、私は彼らと話をしばしばしたのだが、どうして人間が、第一の生と同じように短く不安定な第二の生のためにこれほどみじめな生活をすることがありえようか。

❖聖人とペテン師

何人かのファキールたちは、とくに悟りを得た聖者、完全なヨギー、神と真に結合せる者という名声を得ている。彼らは完全に世を捨てた者と考えられ、わが国の行者と同じように人里離れたところで遁世の生活を送り、けっして町にあらわれることをしない。食事が持ってこられたら、それを食べる。何も食事が提供されなかった場合は、神の恵みによって生きのびる。しばしば、これらの信心深いヨギーたちは深い冥想にふける。そして彼らの魂は何時間にもわたって恍惚の境にはいることがある。外的知覚がなくなり、ヨギーは神の姿を見、神聖な喜びを感じる、という。聖者である私の友人は、彼がいつでもそのような状態にはいることができると語った。そしてそのヨギーを訪問する人はこの恍惚の話をけっして疑わないのである。長いあいだの断食と孤独のために想像力が幻覚を見るに至ることはありうることである。

今度は私は、さきに述べた聖人とはまったくちがうが、やはり普通でない人間であるファキールたちの話をしよう。人びとは、これらの連中が煉金術をよく知っていると思っている。これらの連中は、他人の考えを言いあて、一時間のあいだに木に花を咲かせ、実をみのらせ、一五分のあいだに卵を胸のなかでかえし、どんな鳥でも注文どおりに取り出して見せ、部屋を飛ばせることができるということである。

残念ながら私は、人びとが言うこれらのことが真実であるとの確証を得ることができなかった。私の主人はこれらの占師の一人を呼びにやり、翌日に彼の心に浮かぶことがらを言いあてるなら三〇〇ピー与える旨の約束をした。主人は公正を期するために考えたことを紙に書く、と言った。私もその占師に私の考えを言いあてたら二五ルピー与えるという約束をした。しかしその予言者は二度とふたたびわれわれの家を訪れなかったのであった。他の場合にも、私は卵をかえすという人に二〇ルピー

上流階級のヒンドゥー教徒がそのカーストにはいったことを象徴している聖なる紐（これが正しいかけ方）

約束して失望したことがある。万事につけて私はせんさく好きであるにもかかわらず、私は不幸にも驚くべきことが行なわれるのに立ち会ったことはない。そして事が終わり見物人が感心したあとで私はそこに行き会うのだった。結局、私はもとはインチキか手の早業なのだと思うに至った。

——このあと、ベルニエはヒンドゥー教の教義、聖典ベーダなどについて記している。六派哲学についても書いている。そして学都ベナレスのありさまを記し、地理学、天文学についても記している。

デリーとアーグラ

❖デリーの王宮、大通り

デリーとアーグラの状態を報ずるこのベルニエの手紙は一六六三年デリーからフランスの作家ドゥ＝ラ＝モート＝ル＝ヴァイエあてに書かれている。以下、要点を略述してみよう。

友よ、私がフランスに帰るや君が問いかける質問の第一はこの帝国の首都に関してだろう、と私は知っている。デリーとアーグラが、美しさ、広さ、住民の数においてパリと対抗するほどのものか君は知りたがるだろう、と。

パリ、ロンドン、アムステルダムの様相とデリー、アーグラを無条件的に比較することはできず、気候、風土の差を考慮に入れなくてはならない。われわれの都市は、異議なく、非常に美しいが、それは寒い気候に適合する快適さなのである。暑さによって生活様式も異なり、住居のあり方も変化するのである。デリーもまた、暑い気候に適合した美しさを持っている。

このデリーの町は約四〇年前、シャー＝ジャハーン帝によって築かれて、シャージャハーナーバードと呼ばれ、ジャムナ川に面し、町全体を城壁で囲んでいる。

後宮を含む城砦は半円形で川に面している。この河岸で閲兵や闘技が行なわれる。川に面していない部分の城砦の周囲は堀でかこまれている。堀のわきに四季の花咲く広い花園があり、それにつづいて王宮広場があり、ここに衛兵勤務のラージャのテントがある。この広場でバザールも開かれる。ここはあらゆる香具師や奇術師の集まるところである。このバザールには占星師も店を出していて、インチキをやっている。

王宮からは、幅二五ないし三〇歩ぐらいの大道が目の届くかぎり直線に走っている。われわれのプラース‐ロワイヤルと同様に、両側に商店街があるが、違う点は、ここでは煉瓦造りで、かつ上部の構造物がなく、テラスになっている点である。またデリーの商店街では屋根つきの通路がつづいていない。商店街は仕切りで区切られ、そこで昼は職人が働き、金貸しが座り、商人が商品を陳列し、商品は晩には倉庫におさめられる。倉庫は商店街の裏のがわにある。この倉庫の上に商人の家があり、街路から見てなかなか立派であり、かなり商品があるように見える。それは平らな脚部をもって商店街の屋上と連絡しており、この上から人は町を見ることができるし、ここで夜涼しく寝られる。残念なことには、この二つの大路とその他のわずかの所をのぞいては、二階建のこのようなよい家屋はほとんどない。

この二つの大路のほかに、これほど長くもまっすぐでもない五本の道があり、これらの街路のあいだにマンサブダールや司法官や大商人その他の住居がある。その多くは見るに耐えるものである。まったく煉瓦造りのものは非常に少なく、いくつかは粘土や藁でできているけれど、ふつう、中庭と花園がついていて風通しがよいので、やはり快適である。

❖庶民の住居

これらの住居のあいだに、無数の粘土や藁の小さな家がある。そこには一般の兵士や召使たちやバザールの人びとが寝とまりする。デリーがかくも火事に見舞われるのはこのあばら屋のためである。昨年、三度の大火で六万以上の家が焼かれた。私がいつもデリーをいくつもの村が集まったものと考えるのは、粘土と藁のこの哀れな家のためである。

マンサブダールの家は涼しくすごすための設備もあり、よい調度品もある。デリーには結構な家がないわけではない。

❖商品の展示

ヨーロッパのわれわれの都市の美しさに貢献している商店の外観や豊かさに関しては、デリーは欠けている。サン-デニ街のようなところは見られない。デリーでは高価な商品は倉庫にしまわれ、店には豊かな陳列はない。高級な布を売る店にしたところで、店頭には一びんの油だとか、一籠《かご》の米や麦などが見られるのみである。

ちょっとは見かけのよいものに果実商があり、夏にはペルシャ、バルク、ボカラ、サマルカンドの乾した果物、冬にはそれらの地の新鮮なぶどうが並べられる。

パン屋もたくさんあるが、そのパンはまずい。貴族であるアミールたちは自分の邸でパンを焼かせるから、彼らのパンはかなりよい。

肉屋もあるが、病死した牛の肉を売ったりしてあぶない。

しかし私はよい食物に不自由しなかった。というのは、皇帝の料理番を買収して、皇帝のうまい食物を手に入れていたから。

魚もあることはあるが、アミールのみが、鞭打ちをもって漁民をいつでも働かすことができる。

❖貴族のためのデリー

さて、快適な生活を愛する者はパリを離れてデリーにおもむくべきであろうか。デリーでは、疑いもなく貴人はよい生活をしているが、それはたくさんの召使と鞭打ちとお金のおかげである。私は何度も言う。デリーには中間階級がなく、人は大貴族であるか、哀れに生きるかのどちらかなのである。

だから、たとえば、熟練した職人と仕事場などをデリーに探しても無駄である。それは、インド人が芸術的才能を持たないからではなく、彼ら職人が軽蔑され、手荒く取り扱われ、不満足な支払いしか得られないからである。アミールが職人を必要の場合には、バザールに呼びにやり、時には暴力で連れてきて働かせる。仕事が終わると、仕事の量、質によってではなく、アミールのご機嫌によって金が支払われる。職人は鞭打ちが与えられなかったら、自ら満足すべきである。

人口からいうならば、パリに比してデリーはけっして劣らない。アミールのほかに三万五〇〇〇の騎兵がおり、それに妻子とたくさんの従者がいるのである。涼しく散歩によい時間には、街路は人でいっぱいになる。

アーグラの町も、デリーとその特色においては同じようなものである。

アクバル大帝年譜

西暦	アクバル大帝およびその関係史
一五二五	第一次パーニーパット戦。 バーブル、ムガル帝国皇帝となる。
三〇	バーブル死す。フマーユーン第二代皇帝となる。
三九	チャウサでフマーユーン敗れる。
四二	シェール=シャー即位し、スール王朝をひらく。 アクバル、シンドのウマルコットで生まれる。
五五	フマーユーン、デリー・アーグラを奪還。 アクバル、皇帝となる。 第二次パーニーパット戦。
六〇	バイラーム=カーンの追放。
六二	アドハム=カーン死す。 ジャイプルのラージャ=ビハーリー=マルの王女と結婚す。

西暦	世界の情勢
一五三四	イングランド教会成立。 イエズス会成立。
四三	コペルニクス地動説を発表。
五七	ポルトガル人マカオに居住。
五八	英国女王エリザベス一世即位。

一五六八	チトール占領。
六九	ランタンブホール占領。
	サリーム王子生まれる。
～七六	ファテープル＝シークリー造営。
七二	
～七三	グジャーラート征戦。
七三	
～七四	アクバルの行政改革。
七五	「信仰の家」建設。
七六	ベンガル併合。
七七	
～七八	造幣所の改革。
八〇	ベンガル、ビハール軍の反乱おこる。
	第一次ジェスイット使節団アクバル宮廷に到着。
八一	カーブルに征戦。
八二	神聖宗教（ディーニ＝イラーヒー）の宣布。
八五	ムハンマド＝ハーキム死し、カーブルは併合さる。
八六	カシュミール併合。
九〇	第二次ジェスイット使節団。

一五六八	織田信長の入京。
八一	オランダ独立宣言。
八八	イギリス、スペインの無敵艦隊を破る。

一五九一	シンドの併合。
九二	オリッサ併合。
九四	バルチスタン併合。
九五	カンダハル併合。
九六	ベラール併合。
一六〇〇	アフマドナガル陥落。
〇一	アシールガルの降伏。
～〇四	サリーム王子の反乱。
〇五	アクバル、アーグラに死す。ジャハーンギール即位す。
〇六	クスロー王子の反乱
一一	ヌール=ジャハーンとの結婚。
二七	ジャハーンギール死す。
二八	シャー=ジャハーン即位す。
三一	ムンターズ=マハールの死。
三二	アフマドナガル王国の滅亡。
三六	アウラングゼーブ、デカン総督となる。
四八	アーグラからデリーに遷都する。
四九～五三	ペルシャとカンダハルをめぐって争う。

一五九〇	豊臣秀吉の統一。
一六〇〇	イギリス東インド会社成立。
〇二	オランダ東インド会社成立。
〇三	江戸幕府成立。
一六	後金（清）のヌルハチ、汗位につく。
一八～四八	三〇年戦争。
三一	明に李自成の乱おこる。
三九	江戸幕府、ポルトガル人を追放。
四三	ルイ一四世即位。
四四	清の中国支配はじまる。

一六五三 アウラングゼーブ、再びデカン総督となる。
五七 シャー＝ジャハーン病気。
五八 サムーガルの会戦。ダーラー＝シュコー敗北す。
アウラングゼーブ、父帝をアーグラに監禁。
五九 デオライの会戦。ダーラー＝シュコー敗北す。
アウラングゼーブ即位す。
ダーラー＝シュコーを処刑す。
六九 第一次ジャート族反乱。
ヒンドゥー教信仰に禁令、寺院を破壊。
七二 サトナーミーの暴動。
七四 シヴァージー、王に即位す。
七九 人頭税（ジズヤ）を再び課す。
八〇 シヴァージー死す。
～八一 ラージプートの反乱。
八一 第二次ジャート族反乱。
アウラングゼーブ帝自らデカンに遠征す。
八六 ビージャープル併合。
八七 ゴルコンダ併合。

一六六〇 イギリス、王政復古。
六一 康熙帝即位。
七〇～七一 ロシアにステンカ＝ラージンの乱。
八〇 徳川綱吉将軍となる。
八八～一七〇三 元禄時代。

一六八九	シヴァジーの子サムバージーの処刑。
一七〇六	アウラングゼーブ帝、北インドに帰ろうとし、アフマドナガルに至る。
〇七	アウラングゼーブ死す。
	バハードゥール=シャー即位す。
二〇	マラータにペーシュワの統治はじまる。
二四	デカンおよびオウドの独立。
三七	マラータ族、デリー城門にまで進出。
六一	第三次パーニーパット戦争。
一八五七	シパーピーの反乱。
	ムガル王朝滅亡す。

一六八九	ネルチンスク条約。
一七二二	雍正帝即位。
三五	乾隆帝即位。
八九	フランス革命はじまる。
一八四〇	アヘン戦争。
四八	フランス、二月革命。

さくいん

【し】

新《しん》・人《ひと》と歴史《れきし》　拡大版《かくだいばん》　36

ムガル帝国《ていこく》とアクバル大帝《たいてい》

定価はカバーに表示

2019年３月10日　　初　版　第１刷発行

著　者　石田《いしだ》　保昭《もりあき》

発行者　野村　久一郎

印刷所　法規書籍印刷株式会社

発行所　株式会社　**清水書院**

〒102－0072

東京都千代田区飯田橋3－11－6

電話　03－5213－7151㈹

FAX　03－5213－7160

http://www.shimizushoin.co.jp

カバー・本文基本デザイン／ペニーレイン

乱丁・落丁本はお取り替えします。　ISBN978－4－389－44136－4